全国教育科学规划教育部重点课题"我国高职专业的变迁脉
（No. DJA220465）研究成果

职业教育专业大数据分析

邓子云　著

中国水利水电出版社
www.waterpub.com.cn

·北京·

内 容 提 要

本书致力于将大数据技术应用到职业教育研究领域。全书聚焦于职业教育的专业大数据分析，主体数据为高职专业的专业点数据。全书内容分为七章：第一～三章为总览，分别为本书的总体思路及结构、专业点数据的获取和预处理、高职专科专业布局的总体情况；第四～七章分述四个主要的研究问题，分别为区域高职专业与产业结构适应性的量化评价研究、高职专科专业自然撤销预警名录预测研究、高职专科物流类专业点布局的变迁及数据分析、高职院校举办本科层次职业教育专业的政策问题与对策研究。

本书可供从事大数据技术应用、职业教育研究的研究人员参考，也可作为职业教育的教师及教育行政管理人员的参考用书。

图书在版编目（CIP）数据

职业教育专业大数据分析 / 邓子云著. -- 北京：
中国水利水电出版社，2024. 10（2024.11 重印）.
ISBN 978-7-5226-2747-2

Ⅰ. G718.5-39

中国国家版本馆 CIP 数据核字第 2024SM0414 号

策划编辑：周益丹　责任编辑：张玉玲　加工编辑：黄振泽　封面设计：苏敏

书　　名	职业教育专业大数据分析 ZHIYE JIAOYU ZHUANYE DASHUJU FENXI
作　　者	邓子云　著
出版发行	中国水利水电出版社 （北京市海淀区玉渊潭南路 1 号 D 座　100038） 网址：www.waterpub.com.cn E-mail：mchannel@263.net（答疑） 　　　　sales@mwr.gov.cn 电话：（010）68545888（营销中心）、82562819（组稿）
经　　售	北京科水图书销售有限公司 电话：（010）68545874、63202643 全国各地新华书店和相关出版物销售网点
排　　版	北京万水电子信息有限公司
印　　刷	三河市德贤弘印务有限公司
规　　格	170mm×240mm　16 开本　12.75 印张　186 千字
版　　次	2024 年 10 月第 1 版　2024 年 11 月第 2 次印刷
定　　价	59.00 元

前　　言

在全国教育科学规划教育部重点课题"我国高职专业的变迁脉络与调整对策研究"（No. DJA220465）的支持下，作者及其带领的团队开展了大量的课题研究工作，最终将研究的成果总结成书出版，分享给广大读者。

一、研究的动机

作者从事大数据技术研究工作 16 年有余，总结所掌握的技术，主要有爬虫技术、Python 编程、数据库技术、机器学习技术。这些技术结合起来可以为职业教育大数据分析做些研究工作。这样的研究工作跨越了计算机和职业教育 2 个领域，相较于全国其他研究工作者的研究内容，起到差异化、特色化的作用。作者经过对中国知识基础设施工程（China National Knowledge Infrastructure，CNKI）的文献进行分析，发现从事这样的跨领域研究的团队和学者很少，而且职业教育专业点的布局数据作为公开的数据，可以编制爬虫爬取获得。到 2024 年，专业点的布局数据已积累到 60 余万条数据。因此，作者决定从事职业教育专业的大数据研究。

二、研究的内容

全书的内容遵循"提出问题→分析问题→解决问题"的思路。第一章的主要内容是提出问题。第二章主要讲解工具和技术。第三～七章分别从总体情况、区域与产业结构适应性评价、专业自然撤销现象、物流类专业、高职院校举办本科层次职业教育 5 个方面进行数据、问题与对策分析。

全书的研究工作只是将大数据技术应用于教育领域问题的起点，或者说是一个引子。在研究工作的后期，大数据技术使作者和其带领的团队可以求证和发现很多问题，找到数据中的很多规律。

于是，作者框定后续还应收集更多的数据，特别是有关职业教育领域的文本数据。作者也感觉到团队掌握的技术还不够强大，还应当对自然语言处理、深度学习技术进行深入的研究，并运用到职业教育研究领域中来。

三、致谢

本书在写作、出版过程中得到很多帮助。正在澳门特别行政区做博士研究工作的王旖老师，经常与作者探讨教育技术问题，共同写作学术论文。她也毅然地选择职业教育大数据分析作为自己博士的研究方向。王秋香老师与作者共同研究了高职院校举办本科层次职业教育专业问题并写作学术论文。这两位老师也是作者在长沙商贸旅游职业技术学院的同事。湖南科技大学的陈磊博士、何庭钦博士，以及中南林业科技大学的孟涛博士，是作者长期研究工作的合作伙伴，他们深谙大数据技术和人工智能技术，与作者也合作过多篇学术论文，在本课题的研究过程中，在运用机器学习技术解决职业教育领域问题中一起讨论过很多技术实现的细节。在此，对上述 5 位研究伙伴们表示衷心的感谢。

作者还要感谢中国水利水电出版社的周益丹编辑、长沙商贸旅游职业技术学院科研处处长李凤教授的支持。在本书的出版过程中，她们在选题、校对、出版上给予了大量帮助。

随着大模型时代的到来，需要掌握的技术幅度越来越宽，团队也显得更加重要。借此书出版的机会，作者也真诚地希望有更多的团队和个人加入到相关的研究工作中来。同时，由于作者水平的有限，本书错误在所难免，敬请读者批评指示。也一并欢迎和作者联系沟通、批评指正。作者的联系邮箱是dengziyun@126.com。

邓子云

2024 年 6 月

目　　录

第一章　本书的总体思路及结构

本书致力于运用大数据分析的思维、方法解决职业教育领域的问题，其中也需要运用机器学习技术。本书的研究工作具体要解决什么问题？如何解决问题？本章将对这 2 个问题作出解答，再提出本书研究的总体思路，进而给出本书的结构。

第一节　提出要解决什么问题

最初，作者只想用大数据技术为职业教育做点事。想要用大数据技术，首先要有数据，掌握了爬虫技术则可以从互联网中获取大量的数据，而专业点数据可以从全国职业院校专业设置管理与公共信息服务平台中用爬虫获取。

有了数据，研究就有很好的基础。经过认真地思考，作者决定做专业的大数据分析，并且想具体解决以下 3 个问题。

一、收集与专业分析有关的数据

（1）收集各专业点的数据。专业是切入职业教育研究的一个很好的层面和研究点。专业向上延伸可至专业群、学校、专业集群；向下延伸可至教学课程；横向可以与产业进行对接。从教育行政部门及其他行业主管部门的政策文件来看，在专业层面，政策给出的支持项目较多。如，某地工业和信息化部门支持人工智能产业发展，就会出台政策用以支持设立人工智能技术应用专业。

（2）收集与专业相关的数据。前文已经表述过，专业点布局的数据可以通过爬虫爬取获得；2015 年和 2021 年 2 次出台的专业目录及其变更情况，在互联网上已有 Excel 表格，可以从网上下载获得，可以编制数据清洗程序，把专业目录及变更情况添加到数据库中，形成结构化数据。

（3）收集产业数据。说起产业，会让人自然而然地想到国内生产总值（Gross Domestic Product，GDP）、人口数据等信息。这些数据可以进行整理，但是针对具体的某个产业，要获得国家、省层面的历年数据并非易事。不过，运用爬虫技术、自然语言处理技术等技术，可以尝试将文本数据转化为量化的数据。在部分数据基础较好的产业，也可以进行职业教育与产业的相关性分析。本书的后续内容就会进行这方面的尝试。

二、运用这些数据分析出相关规律

有了数据就可以运用大数据技术分析出相关规律。常用的做法是用可视化的图形来进行观察，常用的图形有条形图、折线图、散点图等。还有一种做法就是列表分析，即制成数据的表格进行分析。此外，可以运用机器学习技术进行数据分析，运用算法自动寻找规律。本书中主要用到的是无监督学习中的聚类技术以及有监督学习中的支持向量机、决策树等算法（或称为技术）。

运用上述做法，确实发现了相关规律。如，专业点的布局在一些省份、专业大类、专业二级类上非常集中，从而预测出未来可能消失的专业，找到专业结构调整时需要重点关注的专业等。

三、提出、发现问题

通过数据分析，可以求证和发现问题。本书主要提出以下问题：

（1）部分省份专业与产业的结构匹配度高。该如何评价匹配的程度？有了评价模型后，评价结果如何？哪些省份评价结果不理想？

（2）部分专业已很少有学校举办。是哪些专业？能否找到一种方法，预测出未来可能不再有学校举办的专业？

（3）高等职业教育（以下简称"高职"）专科举办在部分省份、专业大类、专业二级类、专业上非常集中。集中的程度如何？在哪些省份、专业大类、专业二级类、专业上集中？哪些专业会是需要重点关注调整结构的专业？

（4）高职专科专业的办学主体中普通本科院校已经很少举办高职专科专业。确实退出了吗？还是仍然在办？如果仍然在办，那有部分退出吗？退出的进展情况如何？

有一些问题是本书作者所带领的研究团队在研究过程中发现的，并认为要予以足够重视，因此展开研究并通过本书分享：

（1）发现评价的指标和方法。本书后续会提出评价专业与产业结构适应性的量化指标，并运用指标构建机器学习模型，用机器学习算法进行聚类，找出存在适应性问题的省份。同样，也可使用机器学习的有监督算法预测出未来可能不再有学校举办的专业。

（2）关注一个专业二级类。本书以物流类专业为切入点，研究这个专业二级类11年的变迁情况、专业点布局的数据变化情况，发现专业结构中存在的问题，进而提出一些独到的调整对策。

（3）关注高职院校举办本科层次职业教育专业的问题。本以为高职院校举办本科层次职业教育专业，只需要教育行政部门简单地放开政策即可。但研究发现并没有这么简单，其中至少涉及法律的匹配和修订、教育行政部门规章的新立、适当允许探索与制度的矛盾等问题。

以上主要需要求证和发现的问题在本书后续的研究中均可找到答案。

第二节　给出本书的结构

为了研究和解决上一节中提出的问题，需要理清研究工作的思路，并给出本书的结构，再根据结构展开研究工作。

一、研究思路

本书的总体研究思路是先提出问题，继而提出获取分析问题所需数据的解决方案，再逐步分析和解决问题。分析和解决问题又分了总体布局、专业与产业结构适应性评价、自然撤销预警、物流类专业布局、高职院校举办本科层次职业教育专业 5 个方面。

研究过程中借助结构化查询语言（Structured Query Language，SQL）和 Python 这 2 种编程语言，以可视化的图表描述和分析问题；使用机器学习技术和人工智能手段分析和解决问题。

二、本书的结构

本书的结构分为七章，如图 1-1 所示。

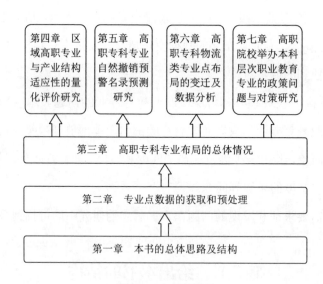

图 1-1　全书的结构

第一章提出问题，并提出解决问题的总体思路。提出的正是后续章节要解决的问题。

第二章讲解全书要用的技术及获取数据的方法。主要使用 SQL Server 和 Anaconda 这 2 个软件开发工具，以及 SQL 和 Python 这 2 种编程语言，还会用到机器学习的算法。

第三章作为数据分析的总体概览。目的是让读者对高职专科专业点的布局情况有总体的把握，再分析出表面上存在的问题，并提出解决的对策。

第四～七章作为主要问题的分述。其中，第四章聚焦研究区域高职专业与产业结构适应性的量化评价研究。在该章中，将提出量化评价研究的 2 个指标，并运用数据分析工具和聚类分析工具展现数据、分析问题。第五章聚焦研究高职专科专业自然撤销现象，将运用机器学习算法预测未来自然撤销的专业名录。第六章聚焦研究高职专科物流类专业的数据。此章内容为例证研究，掌握了研究方法可扩展至其他专业大类、专业二级类的研究。第七章聚焦研究高职院校举办本科层次职业教育专业的问题，将主要从政策层面研究问题和对策。

本 章 小 结

本章是全书的引言，提出了全书要分析和解决的 7 个问题。其中，专业与产业结构的适应性、专业撤销预警、专业布局、办学主体 4 个问题是假设并需要求证的问题；评价指标和方法的研究、专业二级类的例证研究、高职院校举办本科层次职业教育专业的问题研究是提出要研究的问题。

根据提出的问题，全书设计为七章的结构。前三章用于研究总览，后四章用于聚焦分述的 4 个研究问题，分别为区域高职专业与产业结构适应性的量化评价研究、高职专科专业自然撤销预警名录预测研究、高职专科物流类专业点布局的变迁及数据分析、高职院校举办本科层次职业教育专业的政策问题与对策研究。

第二章　专业点数据的获取和预处理

要分析数据，须先有数据。获取和清洗数据的过程比数据分析更为复杂和繁重，但又必不可少。本书后续许多研究内容都需要用到专业点数据，如何获取这些数据呢？获取之后又如何对这些数据进行基本的预处理呢？本章先给出数据需求，再分析数据的来源，设计出存储数据的结构，最后对爬虫系统的设计进行说明。

第一节　分析可用的数据及结构

专业点的数据不仅需要二维表，还需要大量的辅助数据。要进行数据分析，须先理清需要哪些数据，再看互联网上有哪些数据，还需要补充哪些数据，进而得出数据结构。

一、需要哪些数据

本章后续所需的数据如下：

（1）高职专科专业点的数据。本章后续所有有关高职专科的研究内容均需要用到该数据。高职专科专业点的数据详细地记录着"某年某校举办了某专业"。

（2）高职专科专业目录。高职专科专业目录并不是一成不变的。我国的高职专科专业目录自 2013 年以来经历过 2 次重大变化。本章后续针对专业二级类、专业大类进行数据分析，因此记录了 2 次重大变化前后的 3 个版本的专业目录，而且用合适的数据结构记录下 2 次变化的情况。

（3）学校的基本信息。主要是记录举办高职专科和本科专业的学校名称、代码及所在的省份、城市，以便后续进行地理布局分析。

（4）GDP 及人口数据。在后续的专业与产业适应性研究部分需要用到全国及各省份的 GDP 及人口数据。

（5）职业教育本科（以下简称"职教本科"）专业点分析需要用到的数据。这些数据主要是职业大学名录、联办本科专业点及招生人数、职教本科专业点及招生人数。

二、哪里有这些数据

上述需要的数据分散在许多网络文件中，需要整合。这些数据的来源各有不同，下面详细说明。

（一）全国职业院校专业设置管理与公共信息服务平台

高职专科专业点的数据、高职专科专业目录在全国职业院校专业设置管理与公共信息服务平台中已有。

（1）专业点数据需要编制爬虫爬取获得。专业点数据量自 2013 年以来已积累约 67.65 万条，如果采用人工录入则工作量过大，因此需编制爬虫程序自动获取。

（2）网站上有最新版的专业目录，一共有 748 条数据。

（二）教育部网站

教育部网站中有历年专业点备案的文件、发布新版专业目录的文件、每年新增专业点的备案文件，根据这些文件及其附件，可清理出 3 个版本的专业目录、目录变更的情况、历年新增的专业点数据。

（三）其他数据的来源

据上述，还有 3 个部分的辅助数据需要获取：

（1）根据举办高职专科专业的学校名录，要获取学校的基本信息，需要逐一在互联网上查询后整理出来。

（2）在国家统计局和各省份统计局的官方网站上可获取历年 GDP 及人口的统计数据。

（3）联办本科、职教本科专业点及招生数据，需要逐一访问各职业大学招生、就业网站获取。对于联办本科的相关数据，需要根据各省教育行政部门审批的情况在各个学校的招生、就业网站中清理获取。

上述从数据来源获取数据及清理数据的过程，看似简单，做起来却颇为烦琐，工作量巨大。

三、如何设计数据结构

从互联网上爬取、清理出数据后，需要以一定的数据结构存储数据。

（一）数据库设计 ER 图

以 SQL Server 数据库作为主存储之处，需设计数据表来存储数据。关键的 2 个数据表是专业点表、专业名录表，再看这些表中哪些数据可以作分类或用数值代替字符串，以降低存储并提升数据的范式。为此，设计的实体—联系（Entity Relation，ER）图如图 2-1 所示。

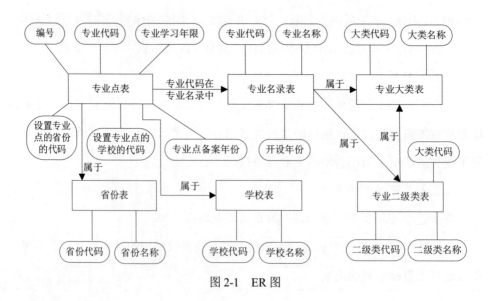

图 2-1 　ER 图

从图 2-1 中可以看出，数据库中设计了 6 个表，表与表之间存在依赖关系。专业点表中记录了编号、设置专业点的省份的代码、设置专业点的学校的代码、专业代码、专业学习年限、专业点备案年份等字段。专业点表通过专业代码与专业名录表关联，通过设置专业点的省份的代码与省份表关联，通过设置专业点的学校的代码与学校表关联。

专业名录表中的专业代码可以拆分成大类、二级类，专业代码为 6 位数字，其中 1~2 位为专业大类代码、第 3~4 位为专业二级类代码、第 5~6 位为二级类中的专业编号。该表中还有专业名称和开设年份字段。因此通过专业代码可以关联专业大类表、专业二级类表，一个专业二级类又属于某一个专业大类。

（二）数据库表及其字段

根据图 2-1 的设计思路，可设计出 SQL Server 2017 中的表，如表 2-1 所示。

表 2-1　SQL Server 2017 中表的实现

表名	字段名	数据类型	是否为关键字	关联关系
Specialities（专业点）	SpecialityId（编号）	bigint	是	无
	SpecialityCode（专业代码）	varchar(20)	否	SpecalitiyDict 表
	StudyYears（专业学习年限）	int	否	无
	ProvinceCode（设置专业点的省份的代码）	int	否	Province 表
	SchoolCode（设置专业点的学校的代码）	int	否	School 表
	MemYear（专业点备案年份）	int	否	无
SpecialitiyDict（专业名录）	SpecialityCode（专业代码）	varchar(20)	是	Specialities 表
	SpecialityName（专业名称）	varchar(30)	否	无
	SetYear（开设年份）	int	否	无
	FirstTypeCode（大类代码）	varchar(10)	否	FirstType 表
	SecondTypeCode（二级类代码）	varchar(10)	否	SecondType 表
Province（省份）	ProvinceCode（设置专业点的省份的代码）	int	是	Specialities 表
	ProvinceName（省份名称）	varchar(20)	否	无

续表

表名	字段名	数据类型	是否为关键字	关联关系
School（学校）	SchoolCode（设置专业点的学校的代码）	varchar(20)	是	Specialities 表
	SchoolName（学校名称）	varchar(40)	否	无
FirstType（专业大类）	FirstTypeCode（大类代码）	varchar(10)	是	Specialities 表、SecondType 表
	FirstTypeName（大类名称）	varchar(20)	否	无
SecondType（专业二级类）	SecondTypeCode（二级类代码）	varchar(10)	是	Specialities 表、FirstType 表
	SecondTypeName（二级类名称）	varchar(20)	否	无
	FirstTypeCode（大类代码）	varchar(10)	否	FirstType 表

（三）其他数据的存储

（1）专业目录变更记录的存储。从历史情况来看，变更情况需要记录 2 类。第 1 类是 2015 年和 2021 年这 2 次专业目录大调整时的变迁情况。这种情况下需要记录变更前的专业代码、名称，还需要记录变更后的专业代码、名称。变化情况共有归属调整和更名（两者同时发生，故视为一种），归属调整，取消，合并，归属调整、合并和更名（三者同时发生，故视为一种），更名，归属调整和合并（两者同时发生，故视为一种），合并和更名（两者同时发生，故视为一种），新增、撤销、保留 11 种。第 2 类其他年份发生的目录调整，只有新增这一种情况。据统计，2013—2024 年的 12 年间，专业目录中专业的变更共发生了 2168 项。设计的专业变更记录表如表 2-2 所示。

表 2-2 专业变更记录表（SpecialitiyExcahnge）的实现

字段名	数据类型	是否为关键字	关联关系
ExchangeId（编号）	bigint	是	无
CurrentSpecialityCode（变更后专业代码）	varchar(20)	否	SpecialitiyDict 表
CurrentSpecialityName（变更后专业名称）	varchar(30)	否	无

续表

字段名	数据类型	是否为关键字	关联关系
SourceSpecialityCode（变更前专业代码）	varchar(20)	否	SpecialitiyDict 表
SourceSpecialityName（变更前专业名称）	varchar(30)	否	无
ExchangeAction（变更类型）	varchar(10)	否	无
ExchangeYear（发生变更的年份）	int	否	无

（2）学校基本信息的存储。这里只记录学校所在的省份及城市，以便后续做有关地理范围方面的专业布局分析。设计的学校基本信息表如表 2-3 所示。

表 2-3　学校基本信息表（SchoolInfo）的实现

字段名	数据类型	是否为关键字	关联关系
SchoolCode（设置专业点的学校的代码）	varchar(20)	是	Specialities 表
Province（学校所在省份的代码）	int	否	Province 表
City（学校所在城市的名称）	varchar(20)	否	无

（3）GDP 及人口数据、职教本科专业点分析需要用到的数据存储。考虑到这些数据比较简单，本书采用 Excel 表来存储，示例如图 2-2 所示。

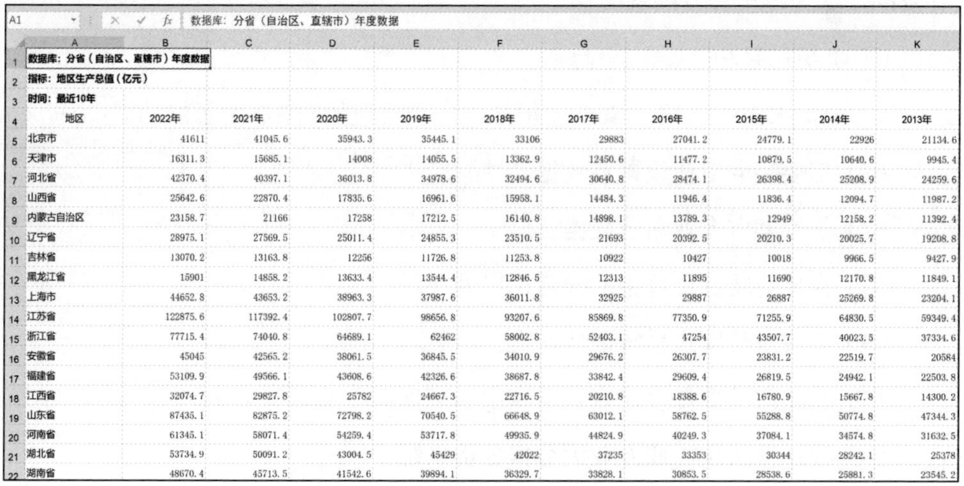
数据库：分省（自治区、直辖市）年度数据
指标：地区生产总值（亿元）
时间：最近10年

地区	2022年	2021年	2020年	2019年	2018年	2017年	2016年	2015年	2014年	2013年
北京市	41611	41045.6	35943.3	35445.1	33106	29883	27041.2	24779.1	22926	21134.6
天津市	16311.3	15685.1	14008	14055.5	13362.9	12450.6	11477.2	10879.5	10640.6	9945.4
河北省	42370.4	40397.1	36013.8	34978.6	32494.6	30640.8	28474.1	26398.4	25208.9	24259.6
山西省	25642.6	22870.4	17835.6	16961.6	15958.1	14484.3	11946.4	11836.4	12094.7	11987.2
内蒙古自治区	23158.7	21166	17258	17212.5	16140.8	14898.1	13789.3	12949	12158.2	11392.4
辽宁省	28975.1	27569.5	25011.4	24855.3	23510.5	21693	20392.5	20210.3	20025.7	19208.8
吉林省	13070.2	13163.8	12256	11726.8	11253.8	10922	10427	10018	9966.5	9427.9
黑龙江省	15901	14858.2	13633.4	13544.4	12846.5	12313	11895	11690	12170.8	11849.1
上海市	44652.8	43653.2	38963.3	37987.6	36011.8	32925	29887	26887	25269.8	23204.1
江苏省	122875.6	117392.4	102807.7	98656.8	93207.6	85869.8	77350.9	71255.9	64830.5	59349.4
浙江省	77715.4	74040.8	64689.1	62462	58002.8	52403.1	47254	43507.7	40023.5	37334.6
安徽省	45045	42565.2	38061.5	36845.5	34010.9	29676.2	26307.7	23831.2	22519.7	20584
福建省	53109.9	49566.1	43608.6	42326.6	38687.8	33842.4	29609.4	26819.5	24942.1	22503.8
江西省	32074.7	29827.8	25782	24667.3	22716.5	20210.8	18388.6	16780.9	15667.8	14300.2
山东省	87435.1	82875.2	72798.2	70540.5	66648.9	63012.1	58762.5	55288.8	50774.8	47344.3
河南省	61345.1	58071.4	54259.4	53717.8	49935.9	44824.9	40249.3	37084.1	34574.8	31632.5
湖北省	53734.9	50091.2	43004.5	45429	42022	37235	33353	30344	28242.1	25378
湖南省	48670.4	45713.5	41542.6	39894.1	36329.7	33828.1	30853.5	28538.6	25881.3	23545.2

图 2-2　存储 GDP 数据的 Excel 表

第二节   爬取专业点数据

为了能用大数据技术分析全国高职专业点布局的规律和存在的问题，需要先获得全国高职专业点的设置数据。如何获得这些数据？在全国职业院校专业设置管理与公共信息服务平台中，已经收集了全国高职专业点设置的数据和专业名录，该平台中的数据面向互联网公开。因此，可以设计出一种爬虫来爬取这些数据。

一、爬虫的架构设计

爬虫的架构设计包括功能架构和技术架构两个部分。目前关于爬虫的设计已有成熟稳定的框架系统，因此没有必要再从底层技术开始开发爬虫。可供选择的爬虫框架系统有基于 Java 语言的 Crawler4j、基于 Python 语言的 Scrapy。考虑到后续大数据处理仍然采用 Python 语言，且 Python 语言开发简便、快捷，因此选用 Scrapy 作为爬虫开发的框架。

（一）功能架构

从功能需求出发，结合 Scrapy 框架，应当实现如图 2-3 所示的功能：

（1）需要爬取专业设置点数据。

（2）需要爬取专业名录数据。

（3）需要对爬行过程中的异常作出处理。

（4）为应对反爬虫系统需要作爬虫伪装。

（5）将爬取的数据存储到数据库中。

（6）设计并实现高职专业大数据分析系统。

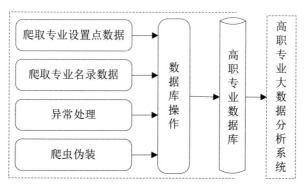

图 2-3　爬虫的功能架构

（二）技术架构

爬虫在爬取网站的页面数据后，用 XPath 表达式从网页中提取到专业点和专业名录数据，填充到数据项 SpecialitiesItem 和 SpecialitiyDictItem 中，这 2 个数据项分别表示专业点和专业名录。再通过项目管道 SpecialityDataPipeline 将数据项中的数据存储到数据库的表中。

如图 2-4 所示，从技术架构来看，Scrapy 核心引擎、调度器、下载器、爬虫的爬行功能在技术上不需要再行开发，利用 Scrapy 框架中已有的功能模块即可。结合爬虫的功能架构和技术架构，还应在技术上实现以下技术模块：

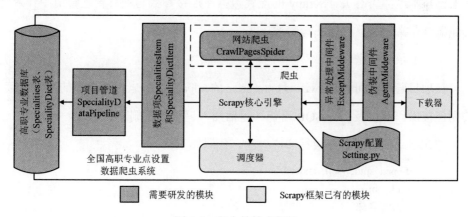

图 2-4　爬虫的技术框架

（1）高职专业数据库。设计 Specialities 表、SpecialitiyDict 表等表的 ER 图，

并用 SQL 语句完成表创建、记录插入、记录修改、记录删除等操作。数据库采用了 SQL Server 2017。

（2）项目管道。用于封装对数据库的操作，在其中要设计并实现设置数据库的连接参数、用连接池获得数据连接、释放数据库连接、执行 SQL 语句等功能。

（3）数据项。用于封装由爬取到的数据构成的数据结构，常用一个数据项来对应数据库中的一个表。

（4）网站爬虫。设定爬取方向，分别爬取专业设置点和专业名录数据。

（5）异常处理中间件。对 Scrapy 框架捕获到的各种异常进行处理。

（6）伪装中间件。将爬虫伪装成各种浏览器爬取数据。

（7）Scrapy 配置。对 Scrapy 框架进行配置，主要配置项包括数据库连接参数、异常处理中间件的类等。

二、爬虫的设计与实现

根据上述技术架构的设计，爬虫还需要设计并实现项目管道、数据项、网站爬虫、异常处理中间件、伪装中间件，并对这些技术模块作出配置。考虑到数据库配置与本地部署有关、Scrapy 的配置数据库连接参数与项目管理管道中一致且其他配置非常简易，这里不再赘述。

（一）项目管道

在项目管理中可使用 twisted.enterprise 的 adbapi 模块来作数据库的建立连接、关闭连接操作，以及执行 SQL 语句（包括插入、增加、删除、修改）操作。

应在启动爬虫时建立数据库连接池，代码如下：

```
def open_spider(self, spider):
self.dbpool =\
#连接池名称
adbapi.ConnectionPool('pymssql', \
host=self.HOST, \ #数据库服务器名称或 IP 地址
port=self.PORT, \ #数据库端口号
```

```
user=self.USER, \ #连接数据库的用户名
password=self.PASSWD, \ #连接数据库的用户的密码
database=self.SQL_DB_NAME, \ #数据库的名称
charset='utf8' \ #字符集
)
```

应在关闭爬虫时关闭数据库连接池，代码如下：

```
def close_spider(self, spider):
    self.dbpool.close()
```

应在项目管道收到数据项后，即可调用执行插入数据库数据的代码：

```
def process_item(self, item, spider):
    self.dbpool.runInteraction(\
    self.insert_db, item)
    return item
```

执行插入数据的伪代码如下：

```
def insert_db(self, tx, item):
#判断传来的数据项类型
#如果传来的是专业点数据项
if(type(item)=='Specialities'):
#根据专业点数据项生成要执行的插入数据库数据的代码
SQLString=GenInsertSpeciality(item)
#执行插入操作
tx.execute(SQLString)
#如果传来的是专业名录数据项
if(type(item)=='SpecialitiyDict'):
#根据专业名录数据项生成要执行的插入数据库数据的代码
SQLString=
    GenInsertSpecialityDict(item)
#执行插入操作
tx.execute(SQLString)
……（省略其他数据项的处理伪代码）
```

（二）数据项

数据项封装了从网页中爬取的数据，并可用于通过项目管道操作数据库中的数据。为了简化，只需要设计实现 2 个数据项，即数据项 SpecialitiesItem 和数据项 SpecialitiyDictItem。这 2 个数据项的代码如下：

```
#数据项 SpecialitiesItem
class SpecialitiesItem(scrapy.Item):
#设置专业点的省份名称
    province=scrapy.Field()
specialityCode=scrapy.Field() #专业代码
specialityName=scrapy.Field() #专业名称
schoolCode=scrapy.Field() #设置专业点的学校代码
    schoolName=scrapy.Field() #设置专业点的学校名称
studyYear=scrapy.Field() #专业学习年限
    memYear=scrapy.Field() #专业点备案年份
#数据项 SpecialitiyDictItem
class SpecialityDictItem(scrapy.Item):
firstCode=scrapy.Field() #专业大类代码
    secondeCode=scrapy.Field() #专业二级类代码
specialityCode=scrapy.Field() #专业代码
    specialityName=scrapy.Field() #专业名称
setYear=scrapy.Field() #开设年份
```

（三）网站数据爬虫

为了爬取网站中的数据，需要专门设计一个爬虫类。这个爬虫类中的代码比其他技术模块的代码更复杂。

要爬取专业点的设置数据，可分析其网址，如图 2-5 所示，可见其网址如下：

https://zyyxzy.moe.edu.cn/home/major-register

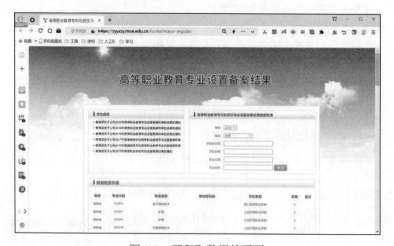

图 2-5　要爬取数据的页面

在网址中通过 startcount 参数表示当前页的专业点数据的起始号，每页显示 100 条专业点数据。年份参数通过表单提交，因此要在网址中带入每页数据的起始号并生成一个表单，在表单中设置专业备案的年份。

爬取 2016—2024 年专业点数据的代码如下：

```
for year in range(2016,2025):
#生成网址中的专业点数据的起始号的列表
#limitYear 为对应年份的数据数量上限
pageNoList=np.arange(0,limitYear,100)
#遍历各页得到专业点数据
for no in pageNoList:
    url='http://zyyxzy.moe.edu.cn/mspMajorRegisterAction.fo?\
        method=index&startcount='
    url=url+str(no)
    #用表单提交网页请示，异步下载后解析网页中的内容
    yield scrapy.FormRequest(url=url,\
    callback=self.parseSpeciality,\
    #带入专业备案年份作为表单数据
    formdata={'year':str(year)},\
    meta={'year':str(year)})
#解析 2016—2024 专业设置情况页
def parseSpeciality(self,response):
#用 XPath 表达式解析得到表格中的
#行数据
speciality=response.xpath("//*[@id="A5"]/table/tr")
    specialitystr=speciality.extract()
    for i in range(len(speciality)):
    #忽略标题行
        if i==0:
            continue
            #得到省份名称
            province=speciality[i].xpath("./td[1]//text()").extract_first()
            #得到专业代码
        specialitycode=speciality[i].xpath(\
        "./td[2]//text()").extract_first()
        ……（省略解析其他数据的代码）
```

```
item=SpecialityItem()
item['province']=str(province).strip()
item['specialitycode']=str(specialitycode).strip()
……（省略设置数据项属性的代码）
yield item #返回数据项
```

在返回数据项后，Scrapy 框架会自动通过项目管道在数据库中进行数据操作。

爬取专业名录的数据比爬取专业点的设置更简单。专业名录的网址如下：

https://zyyxzy.moe.edu.cn/home/gz

同样，在网址中通过 startcount 参数表示当前页的专业点数据的起始号，每页显示 100 条专业点数据。专业名录的网页无需用表单来提交数据，也不需要传入年份参数。因较为简单，此处不再赘述和重复列出爬取专业名录数据的源代码。

（四）异常处理中间件

爬取处理中间件的作用是及时捕获异常并报错，但并不中止爬虫的运行。要处理的异常如下：

```
ALL_EXCEPTIONS = (defer.TimeoutError, \
TimeoutError, DNSLookupError,\
ConnectionRefusedError,\
ConnectionDone, ConnectError,\
ConnectionLost, TCPTimedOutError, \
ResponseFailed,IOError, TunnelError)
```

以页面响应时的异常处理为例：

```
def process_response(self,request,response,spider):
    #捕获状态码为 4xx 或 5xx 的 response
    if str(response.status).startswith('4') or \
    str(response.status).startswith('5'):
        #直接返回 response。爬虫代码中可根据 url==''来处理 response
        response = HtmlResponse(url='')
        return response
    #其他状态码正常返回即可
    return response
```

（五）伪装中间件

比较简单的实现伪装中间件的做法是用一个集合列出所有准备伪装的浏览器的名称：

```
USER_AGENTS = [
    'Mozilla/5.0 (Windows NT 10.0; Win64;\
        x64) AppleWebKit/537.36 \
        (KHTML, like Gecko) \
        Chrome/70.0.3538.77 \
        Safari/537.36',\
    ……（省略其他拟伪装的浏览器的名称）
]
```

再随机选择其中的一个浏览器名称，放入请示页面时的头部中：

```
user_agent = random.choice(
self.USER_AGENTS)
request.headers['User-Agent'] = user_agent
```

第三节　清洗获取的数据

获取到数据后，由于数据存在一些缺失项且部分数据存在错误，极可能导致后续的数据分析产生不正确的结果。因此，需要对获取的数据进行清洗。

一、更正错误的学校名称

经研究发现，爬取到的专业点数据中，学校名称有误，主要是学校的名称被截断，需要补充完整；有的名称中出现了多余的空格或其他字符。

如"天津城市建设管理职业 技术学院"名称中多了一个空格；"第一拖拉机制造厂拖拉"名称不正确，应为"第一拖拉机制造厂拖拉机学院"。可使用 SQL 语句中的 update 语句进行更新，如：

```
update School set SchoolName='天津城市建设管理职业技术学院' where SchoolName
like '%天津城市建设管理职业 技术学院%'
```

update School set SchoolName='第一拖拉机制造厂拖拉机学院' where SchoolName like '%第一拖拉机制造厂拖拉%'

二、补充缺失的数据：新设置的专业

2013—2024 年，在不是专业目录大调整的年份（即不是 2016 年和 2021 年），对专业目录和专业点有所增补，因此需要增补专业目录中的专业名单。

以 2017 年为例，教育部组织研究确定了 2017 年度增补专业（共 6 个），专业名单如表 2-4 所示。

表 2-4　2017 年增补的高职专科专业

序号	专业大类	专业类	专业代码	专业名称
1	51 农林牧渔大类	5103 畜牧业类	510315	宠物临床诊疗技术
2	59 食品药品与粮食大类	5902 药品制造类	590206	化学制药技术
3	59 食品药品与粮食大类	5902 药品制造类	590207	生物制药技术
4	59 食品药品与粮食大类	5902 药品制造类	590208	中药制药技术
5	59 食品药品与粮食大类	5902 药品制造类	590209	药物制剂技术
6	62 医药卫生大类	6201 临床医学类	620111K	朝医学

此时，应对专业名录表和专业变更记录表增加记录。以其中的"宠物临床诊疗技术"专业为例，SQL 语句如下：

```
--向专业名录表增加记录--
insert into SpecialitiyDict(SpecialityCode, SpecialityName, SetYear, FirstTypeCode, SecondTypeCode) VALUES('510315', '宠物临床诊疗技术',2017,'51','5103')
--向专业变更记录表增加记录--
insert into SpecialitiyExcahnge (CurrentSpecialityCode, CurrentSpecialityName, ExchangeAction, ExchangeYear) VALUES('510315', '宠物临床诊疗技术','新增',2017)
```

三、补充缺失的数据：专业名录和专业变更记录

专业名录和专业变更记录分 2 种情况：第 1 种情况是针对 2013 年的数据的处理，由于获取的数据从 2013 年起始，故 2013 年的专业目录只需存储专业名录，

而不必存储变更记录；第 2 种情况是针对 2016 版和 2021 版的专业目录的处理，此时，既要存储专业名录，也需要存储变更记录。

（一）2013 年的专业目录数据

现已有 2013 年使用的专业目录 Excel 表，如图 2-6 所示。因 Excel 表中存在专业大类和专业二级类的行数据，无法直接导入 SQL Server 的专业名录表中，需要编制程序进行转换。下面采用 Python 程序进行数据转换和入库：

B12 fx 植物保护

	A	B
1	专业代码	专业名称
2	51	农林牧渔大类
3	5101	农业技术类
4	510101	作物生产技术
5	510102	种子生产与经营
6	510103	设施农业技术
7	510104	观光农业
8	510105	园艺技术
9	510106	茶叶生产加工技术
10	510107	中草药栽培技术
11	510108	烟草栽培技术
12	510109	植物保护
13	510110	植物检疫
14	510111	农产品质量检测
15	5102	林业技术类
16	510201	林业技术
17	510202	园林技术
18	510203	森林资源保护
19	510204	野生植物资源开发与利用
20	510205	野生动物保护
21	510206	自然保护区建设与管理
22	510207	森林生态旅游

图 2-6　2013 年的专业目录数据

```
import pandas as pd
#导入数据库操作对象
from speciality.common.db import DbOperation as db
import numpy as np
#path 为专业目录的 Excel 文件路径
path=r'… …2013 年专业目录.xlsx'
data_special=pd.read_excel(path)
dbo=db()
for i in range(data_special.shape[0]):#访问每一行数据
    maxType="" #专业所属大类
minType="" #专业所属二级类
```

```
#如果专业代码字符串的长度为 6 则表明该行数据是专业代码和专业名称
if(len(str(data_special.iloc[i,0]))==6):
        #将数据写进数据库
        #向专业名录表增加记录
    sql = " insert into SpecialitiyDict (SpecialityCode,\
        SpecialityName, SetYear, FirstTypeCode, \
        SecondTypeCode) VALUES(%s, %s, %s, %s, %s) "
    params=( str(data_special.iloc[i,0]),\
        str(data_special.iloc[i,1]),\
        '2013', str(data_special.iloc[i,2])[0:2],\
        str(data_special.iloc[i,2])[0:4])
    dbo.execute(sql, params) #执行 SQL 语句
```

代码中，DbOperation 为后续研究中均要用到的数据操作公共类，代码如下：

```
'''
    DbOperation
    功能：操作数据库的类写法
'''
import pymssql
#import MySQLdb

class DbOperation(object):
    serverIp='localhost' #数据库服务器的 IP 地址
    port='1433' #数据库服务的端口号
    dbName='spdb' #数据库名称
    uid='sa' #登录数据库的用户名
    pwd='123' #登录数据库用户名的密码
    charset='utf8' #编码方式

    def __init__(self):
        self.connection=pymssql.connect(database=self.dbName,\
        host=self.serverIp,
        user=self.uid,password=self.pwd,
            charset=self.charset)
            self.cursor = self.connection.cursor()

    def __del__(self):
        if self.cursor:
```

```
            self.cursor.close()
            self.cursor = None
            print(self.cursor, '__del__ cursor closed')
        if self.connection:
            self.connection.close()
            self.connection = None


def destroy(self):
    if self.cursor:
        print(self.cursor, 'destroy cursor closed')
        self.cursor.close()
        self.cursor = None
    if self.connection:
        self.connection.close()
        self.connection = None


#获取全部查询结果
def queryAll(self, qryStr,*args):
    try:
        print(qryStr.encode('gbk'))
        self.cursor.execute(qryStr,args)
        return self.cursor.fetchall()
    except Exception as e:
        print(e)


#获取全部查询结果（无参数）
def queryAllNoParam(self, qryStr):
    try:
        print(qryStr.encode('gbk'))
        self.cursor.execute(qryStr)
        return self.cursor.fetchall()
    except Exception as e:
        print(e)


#获取前 maxCount 条查询结果
def querySome(self, qryStr, maxCount,*args):
    try:
        self.cursor.execute(qryStr,args)
```

```
                return self.cursor.fetchmany(maxCount)
            except Exception as e:
                print(e)

        #获取分页查询结果
        def queryPage(self, qryStr, skipCnt, pageSize,*args):
            try:
                self.cursor.execute(qryStr,args)
                self.cursor.skip(skipCnt)
                return self.cursor.fetchmany(pageSize)
            except Exception as e:
                print(e)

        #获取查询条数
        def count(self, sql,*args):
            try:
                self.cursor.execute(sql,args)
                return self.cursor.fetchone()[0]
            except Exception as e:
                print(e)

        #执行语句，包括增删改，返回变更数据数量
        def execute(self, sql,args):
            try:
                self.cursor.execute(sql,args)
                self.connection.commit()
                return
            except Exception as e:
                print(e)
```

（二）2016 版专业目录数据

2015 年教育部组织进行了一次高职专科专业目录的大调整，因该次修订后的目录于 2016 年投入使用，故称为 2016 版专业目录。教育部公布专业目录的同时，一并公布了变更情况，获得的数据如图 2-7 所示。

	A	B	C	D	E	F
1	序号	专业代码	专业名称	原专业代码	原专业名称	调整情况
2	1	510101	作物生产技术	510101	作物生产技术	合并
3				510117	热带作物生产技术	
4	2	510102	种子生产与经营	510102	种子生产与经营	保留
5	3	510103	设施农业与装备	510103	设施农业技术	更名
6	4	510104	现代农业技术	510118	现代农业	合并
7				510506	农业技术与管理	
8	5	510105	休闲农业	510104	观光农业	更名
9	6	510106	生态农业技术	510119	生态农业技术	保留
10	7	510107	园艺技术	510105	园艺技术	合并
11				510115	都市园艺	
12				510116	设施园艺工程	
13				510211	商品花卉	
14				510131	食药用菌（部分）	
15	8	510108	植物保护与检疫技术	510109	植物保护	合并
16				510110	植物检疫	
17	9	510109	茶树栽培与茶叶加工	510106	茶叶生产加工技术	更名

图 2-7　2016 版专业目录调整数据

因 Excel 表中存在专业大类和专业二级类的行数据，且存在变更为合并、更名等各类复杂情况，无法直接导入到 SQL Server 的专业名录表中，需要编制程序进行转换。下面仍采用 Python 程序进行数据转换和入库：

```python
import pandas as pd
#导入数据库操作对象
from speciality.common.db import DbOperation as db
import numpy as np
#path 为专业目录的 Excel 文件路径
path=r'… …2016 版专业目录.xlsx'
names=['no','current_special_code','current_special_name',\
    'source_special_code','source_special_name','exchange_action']
data_special=pd.read_excel(path,names=names)
data_special=data_special.dropna(how="all")
#删除标题栏
data_special=data_special.dropna(how="all",\
    subset=['current_special_code',\
    'current_special_name',\
    'source_special_code','source_special_name','exchange_action'])
```

```
#填充现专业代码为空的情况
data_special_is_null=pd.isnull(data_special)
for i in range(0,data_special_is_null.shape[0]):
#如果当前专业代码是空且调整情况也是空，则表示是合并
#此时要填充本行中缺失的数据项
if data_special_is_null.iloc[i,1] and \
    data_special_is_null.iloc[i,5]:
        data_special.iloc[i,1]=data_special.iloc[i-1,1]
        data_special.iloc[i,2]=data_special.iloc[i-1,2]
        data_special.iloc[i,5]=data_special.iloc[i-1,5]
#将数据写进数据库
data_special.replace(np.nan,'', inplace=True)
dbo=db()
for i in range(0,data_special.shape[0]):
#向专业名录表增加记录
sql = " insert into SpecialitiyDict (SpecialityCode,\
        SpecialityName, SetYear, FirstTypeCode, \
SecondTypeCode) values(%s, %s, %s, %s, %s) "
    params=( str(data_special.iloc[i,1]),\
        str(data_special.iloc[i,2]),\
        '2015', str(data_special.iloc[i,2])[0:2],\
        str(data_special.iloc[i,2])[0:4])
    dbo.execute(sql, params) #执行 SQL 语句
#向专业变更记录表增加记录
    sql = "insert into SpecialitiyExcahnge (CurrentSpecialityCode,\
        CurrentSpecialityName,SourceSpecialityCode,\
        SourceSpecialityName,ExchangeAction, \
        ExchangeYear) \
        values (%s, %s, %s, %s, %s, '2015')"
    params=(str(data_special.iloc[i,1]),str(data_special.iloc[i,2]),\
        str(data_special.iloc[i,3]),str(data_special.iloc[i,4]),\
        str(data_special.iloc[i,5]))
dbo.execute(sql, params)
```

　　2021 版专业目录数据及调整数据的获取、转换进入数据库的方法与上述方法类似，不再赘述。

本 章 小 结

本章的后续研究需要用到 5 个方面的数据：高职专科专业点的数据、高职专科专业目录、学校的基本信息、GDP 及人口数据、职教本科专业点分析需要用到的数据。其中，第 1 方面的数据从全国职业院校专业设置管理与公共信息服务平台爬取并清洗得到；第 2 方面从教育部的文件中获取，再经清洗后写到数据库中；第 3~5 方面的数据需整理后用 Excel 表示。

为存储上述第 1、2 方面的数据，设计了 ER 图和数据库表，共需 9 个表来存储数据。使用 Python 编程语言和 Scrapy 框架研发了爬虫系统从全国职业院校专业设置管理与公共信息服务平台爬取数据。清洗获取的数据涉及更正错误的学校名称、补充缺失的数据这 2 类。

本章参考文献

[1] 张小红. 基于 Web 的在线自主学习平台设计与实现[J]. 农机使用与维修，2024（4）：36-38.

[2] 曹培，林永意. 基于 Scrapy 的岗位推荐系统的设计与实现[J]. 无线互联科技，2023，20（24）：75-77.

[3] 李丹. 基于 B/S 的高校实验室预约管理系统设计与实现[J]. 现代信息科技，2024，8（5）：31-35.

[4] 高金华. 经营性国有资产智能化管理系统的设计与实现[D]. 南京：南京邮电大学，2023.

[5] 石恩名，肖晓军，卢宇. 基于云平台的分布式高性能网络爬虫的研究与设计[J]. 电信科学，2017，33（8）：180-186.

[6] SIDDESH G M, SURESH K, MADHURI K, et al. Optimizing Crawler4j Using MapReduce Programming Model[J]. Journal of the Institution of Engineers, 2017, 98(3): 329-336.

[7] 邓子云. 基于 Scrapy 的物流资讯网站群爬虫系统设计与实现[J]. 物流技术与应用, 2020, 25（8）: 140-143.

[8] 陈黎, 马健. 基于 Scrapy 的农业网络空间信息动态监测算法[J]. 山东农业大学学报（自然科学版）, 2020, 51（2）: 253-258.

[9] 张弛, 高建华. 一种基于主题判定的网页元素 XPath 定位器生成方法[J]. 小型微型计算机系统, 2019, 40（4）: 872-878.

[10] 张一恒, 王芹, 刁炜卿, 等. 基于 Scrapy 爬虫技术和图神经网络的生态旅游推荐技术[J]. 自动化与仪器仪表, 2024,（2）: 6-10.

[11] 王思敏, 尹伊秋, 宣静雯, 等. 基于网络爬虫技术的数字资源检测软件的设计与实现[J]. 现代电子技术, 2019, 42（10）: 132-135.

[12] 方奇洲, 程友清. 基于 Docker 容器的分布式爬虫的设计与实现[J]. 电子设计工程, 2020, 28（8）: 61-65.

[13] 石云瑞, 蒋高明. 针织原料价格的主题网络爬虫设计与实现[J]. 针织工业, 2020（9）: 23-25.

[14] 刘景发, 顾瑶平, 刘文杰. 融合本体和改进禁忌搜索策略的气象灾害主题爬虫方法[J]. 计算机应用, 2020, 40（8）: 2255-2261.

[15] 侯晋升, 张仰森, 黄改娟, 等. 基于多数据源的论文数据爬虫技术的实现及应用[J]. 计算机应用研究, 2021, 38（2）: 517-521.

[16] 周江杰, 王胜锋, 李立明. Python 爬虫技术在信息流行病学中的应用[J]. 中华流行病学杂志, 2020, 41（6）: 952-956.

[17] 杨天乐, 钱寅森, 武威, 等. 基于 Python 爬虫和特征匹配的水稻病害图像智能采集[J]. 河南农业科学, 2020, 49（12）: 159-163.

[18] 东熠，刘景发，刘文杰. 基于多目标蚁群算法的主题爬虫策略[J]. 计算机工程，2020，46（9）：274-282.

[19] 邓子云. 全国高职专业点数据爬虫的设计与实现[J]. 南方职业教育学刊，2021，11（1）：95-102.

第三章 高职专科专业布局的总体情况

2013—2024 年的 12 年期间，高职专业的专业目录经历了 2 次大的调整。第 1 次是在 2015 年，调整后在 2016 年投入使用，因此称为 2016 版目录。第 2 次是在 2021 年，调整后当年即投入使用，因此称为 2021 版目录。12 年期间，每年还有少量的新增专业。

在这 12 年期间，我国的高职专业点布局存在什么样的突出现象和问题？借助数据分析技术可以进行清晰地、可视化地展现，从而提出当前的调整对策建议。

从已有的研究情况看，由于获得数据及数据分析的困难，目前关于全国高职专科专业点布局的专门研究较少。每年全国备案的高职专科专业点有数万个，12 年累计就有约 67.65 万个，如此大规模的数据要作统计分析，需要教育学和计算机科学与技术的跨学科研究团队合作。在 CNKI 文献库中也暂仅可见作者及作者所在团队直接相关的研究成果。目前有少量有关分区域或分专业、专业类的专业点布局的研究。有的研究专注的地理范围局限在一个省或某个经济合作区；有的研究局限在某个专业类或具体的专业。高职教育的定位之一是服务于区域经济发展，因此这些研究有一定的研究价值，但均未在全国层面形成整体现状、问题与对策。

出于上述目的，本书将用数据分析 12 年期间我国高职专科专业及其专业点的布局情况。布局情况分析将分成专业点数整体、校均专业点数、增长较快和较多的专业、减少较快和较多的专业、专业大类的专业点数、专业点地理布局 6 个方面进行。

第一节　分析专业点布局的总体情况

本节将从专业点布局的总体情况、地理布局的总体情况、从专业角度看总体情况 3 个方面来进行分析。

一、总体数据及增长率

在总体数据的分析上，下面将从总专业点数及各类学校数量、各类学校数据规律、校均专业点数 3 个角度来分析。

（一）总专业点数及各类学校数量

自 2013—2024 年的 12 年间，全国高职的专业点数及举办高职专业的学校数量如图 3-1 所示。第 1 次目录调整时的波动幅度较大，第 2 次目录调整时相对较为平稳。总体上，专业点数在增长，2024 年达到约 6.58 万个；举办学校数量近 4 年在减少，至 2024 年为 1894 所。可把举办的学校类型分成高职院校（含职业大学、高等专科学校）、成人高校、普通本科院校 3 类，统计数据如表 3-1 所示，制作成统计图如图 3-2 所示。

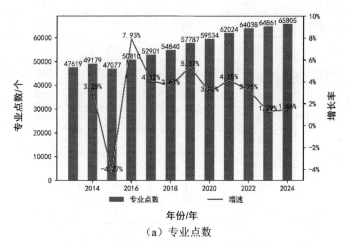

（a）专业点数

图 3-1（一）　高职专科的专业点数及举办学校数

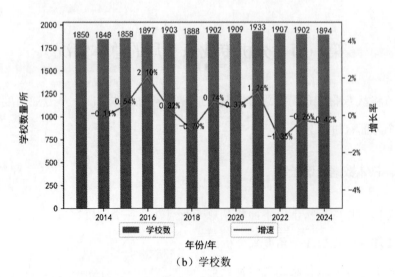

（b）学校数

图 3-1（二） 高职专科的专业点数及举办学校数

表 3-1 全国各类学校举办高职专科专业统计数据

年份/年	高职院校（含职业大学、高等专科学校）		成人高校		普通本科院校	
	学校数量/所	专业点数/个	学校数量/所	专业点数/个	学校数量/所	专业点数/个
2013	1261	36467	35	625	554	10527
2014	1291	38667	28	479	529	10033
2015	1288	37428	29	497	541	9152
2016	1298	40757	26	459	573	9594
2017	1333	42884	20	370	550	9647
2018	1352	45889	19	365	517	8586
2019	1396	49667	17	384	489	7736
2020	1443	52231	12	292	454	7011
2021	1481	55158	8	217	444	6649
2022	1480	57616	8	213	419	6209
2023	1527	59159	8	221	367	5481
2024	1549	60642	7	186	338	4977

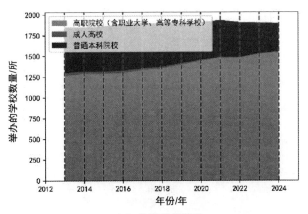

（a）各类学校数量

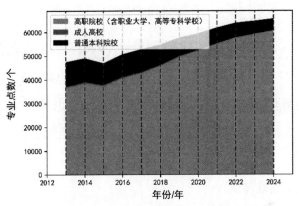

（b）各类学校举办的专业点数

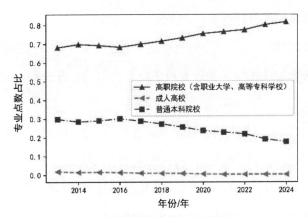

（c）各类学校举办的专业点数占比

图3-2（一）　各类学校举办高职专科专业的情况

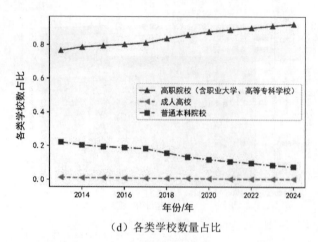

（d）各类学校数量占比

图 3-2（二）　各类学校举办高职专科专业的情况

明显可见，高职院校举办的高职专科专业点数占比最大，点数最多，且逐年均在增大。至 2024 年，高职院校举办的高职专科专业点数达到 6.06 万个，占比为 92.15%。举办高职专科专业的学校数量中，高职院校也是数量最多，占比最大，且总体上逐年增大。至 2024 年，举办高职专科专业的高职院校数量为 1549 所，占比为 81.78%。

（二）各类学校数据规律

由于院校的撤并、新设置、转设、专业结构调整等情况的发生，举办高职专科专业的院校数量历年存在着变动，呈现出以下现象：

（1）举办的学校总数量呈小幅变动趋势，且近 4 年呈小幅减少趋势。主要原因是高职院校（含职业大学、高等专科学校）的增设、普通本科院校不再举办高职专科专业。

（2）举办高职专科专业的普通本科院校数量在逐年下降。12 年间，尽管有高等专科学校升格为普通本科院校，但总数仍减少了 116 所，减少幅度达到 20.94%。其中，2015 年、2016 年这 2 年出现过反弹，举办高职专科专业的普通本科院校增加了 44 所，此后数量一直下降。据统计，从 2014—2024 年不再举办高职专科专业的学校数量如表 3-2 所示；从 2014—2024 年开始举办高职专科专业的学校数量如表 3-3 所示。

表 3-2 2014—2024 年不再举办高职专科专业的学校数量

年份/年	高职院校（含职业大学、高等专科学校）/所	成人高校/所	普通本科院校/所	共计/所
2014	28	8	56	92
2015	75	7	79	161
2016	31	5	40	76
2017	22	7	54	83
2018	18	2	49	69
2019	4	2	32	38
2020	32	6	44	82
2021	18	4	45	67
2022	18	0	39	57
2023	8	2	69	79
2024	8	1	45	54
共计	262	44	552	858

表 3-3 2014—2024 年开始举办高职专科专业的学校数量

年份/年	高职院校（含职业大学、高等专科学校）/所	成人高校/所	普通本科院校/所	共计/所
2014	70	5	77	152
2015	73	6	95	174
2016	36	2	44	82
2017	56	0	34	90
2018	39	1	13	53
2019	44	1	13	58
2020	77	0	9	86
2021	56	0	19	75

续表

年份/年	高职院校（含职业大学、高等专科学校）/所	成人高校/所	普通本科院校/所	共计/所
2022	15	0	14	29
2023	54	1	6	61
2024	30	0	12	42
共计	550	16	336	902

（3）高职院校（含职业大学、高等专科学校）数量在逐年递增，一直是举办高职专科专业的主要力量。12 年间数量增加了 288 所，增长幅度达到 22.84%。主要原因在于有中职、中专学校独立或合并升格为高职院校。

（4）举办高职专科专业的成人高校数量在减少。至 2024 年，仅有 7 所成人高校举办高职专科专业。

（三）校均专业点数

为了更清晰地表达校均专业点数情况，根据各年度各类学校的平均专业点数制作曲线图如图 3-3 所示。可以呈现出以下现象：

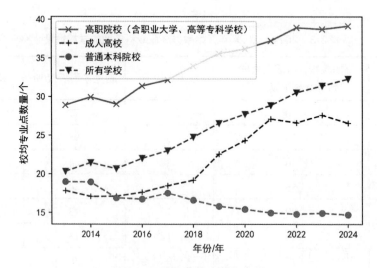

图 3-3 校均专业点数变化图

（1）高职院校（含职业大学、高等专科学校）的校均专业点数最多，且呈逐年上升趋势。

（2）所有学校的校均专业点数呈逐年上升趋势。

（3）成人高校的校均专业点数最少，但自 2018 年起呈明显上升趋势。近 3 年，上升趋势变缓。

（4）普通本科院校的校均专业点数呈逐年下降趋势。

二、地理布局的总体情况

下面以省（自治区、直辖市）作为地理范围分析专业点数及校均专业点数的数据情况。

（一）各省（自治区、直辖市）的专业点数

下面从专业点在全国的地理上的布局情况来分析专业点的布局情况。各年度各省（自治区、直辖市）详细的专业点布局情况如表 3-4 所示。可以发现以下现象：

（1）有 14 个省（自治区、直辖市）的专业点数增长超过 500。这 14 个省（自治区、直辖市）为安徽、广东、河南、湖南、吉林、江苏、江西、山东、山西、四川、新疆、云南、浙江、重庆。其中，增长超过 1000 个的省（自治区、直辖市）有 5 个，分别为广东、河南、江西、四川、重庆。河南增长最多，12 年间增加了接近 2859 个专业点，增长率为 96.00%；增长率最高的是吉林，达到 110.75%。

（2）有 3 个省（自治区、直辖市）的专业点数呈负增长。这 3 个省（自治区、直辖市）为广西、天津、西藏。其中天津减少最多，减少了 56 个专业点。从数据中也可以看出，一些省（自治区、直辖市）正在进行专业结构调整。如，安徽自 2022 年专业点数量开始缓慢下降；福建、贵州、黑龙江、江西、内蒙古、天津、西藏等自 2020 年开始专业点数量开始小幅有增有减。

（3）地理范围上专业点分布呈现出一定的数量集中规律。专业点数超过 4000 个的省份为河南、广东和山东，该 3 个省份明显人口数量也比较多，后续研究还会专门讨论这个问题。

表3-4　分省（自治区、直辖市）的专业点数情况

省（自治区、直辖市）	年份/年											
	2013	2014	2015	2016	2017	2018	2019	2020	2021	2022	2023	2024
安徽省	2674	2899	2707	2777	2875	3035	3593	3618	3725	3724	3470	3244
北京市	694	725	746	685	706	724	794	826	772	809	835	838
福建省	1766	1679	1574	1728	1645	1665	1741	2038	1984	2213	2186	2148
甘肃省	754	759	811	826	998	1101	1110	1177	1239	1177	1176	1104
广东省	3303	3511	3734	4002	4104	3504	3867	4402	4696	4994	5289	5587
广西壮族自治区	1989	1991	1847	1949	2020	1998	1923	1905	1968	1928	1929	1977
贵州省	743	949	825	905	1015	1060	1141	1150	1081	1010	1023	1044
海南省	363	368	348	384	390	424	467	493	527	585	586	592
河北省	2937	3030	2790	2855	2950	2963	2818	2874	3189	2908	3022	3002
河南省	2978	3139	3077	3940	4091	4524	4900	4933	5353	5582	5672	5837
黑龙江省	1431	1576	1435	1558	1592	1437	1439	1418	1336	1529	1505	1486
湖北省	2518	2485	2307	2464	2487	2570	2544	2603	2715	2734	2760	2786
湖南省	1900	1870	1762	2080	2131	2144	2184	2185	2200	2196	2243	2434
吉林省	828	820	836	941	1149	1455	1581	1648	1730	1746	1743	1745
江苏省	2969	3044	3104	3082	3255	3418	3544	3707	3643	3715	3545	3624
江西省	1914	2224	2011	2121	2149	2434	2789	2980	3104	3453	3480	3390
辽宁省	1589	1682	1378	1464	1552	1538	1579	1588	1586	1682	1657	1726
内蒙古自治区	1108	1147	1002	1163	1241	1328	1392	1394	1423	1417	1404	1330
宁夏回族自治区	212	183	224	243	264	258	278	291	314	376	386	409
青海省	145	145	213	242	259	267	259	226	205	220	207	198
山东省	3173	3010	3081	3178	3253	3376	3510	3510	3905	4082	4069	4153
山西省	1421	1429	1250	1272	1361	1450	1509	1553	1564	1576	1945	2108
陕西省	1531	1458	1553	1703	1816	1813	1862	1787	1898	1966	1965	1990
上海市	814	773	662	680	706	708	692	740	761	798	867	900
四川省	2431	2634	2450	2677	2721	3131	3359	3448	3754	3854	3824	3721
天津市	774	762	741	760	779	765	746	736	724	734	724	718

续表

省（自治区、直辖市）	年份/年											
	2013	2014	2015	2016	2017	2018	2019	2020	2021	2022	2023	2024
西藏自治区	69	73	52	52	59	54	43	43	46	56	53	48
新疆维吾尔自治区（含新疆生产建设兵团）	807	860	830	971	995	1020	1046	1100	1148	1221	1277	1337
云南省	1211	1245	1159	1318	1478	1656	1856	1758	1824	1906	2020	2075
浙江省	1527	1586	1494	1580	1580	1671	1738	1807	1934	2006	2060	2112
重庆市	1046	1117	1074	1210	1280	1349	1483	1596	1676	1841	1939	2112

（二）各省份的校均专业点数

仅考察专业点在地理上的分布情况，尚不能清晰地表达每所办学的学校举办的专业点数量的分布情况，因此可用各省（自治区、直辖市）的校均专业点数量来衡量学校举办的专业点数量的分布情况。如表3-5所示，可以发现以下现象：

（1）广东一省校均专业点数偏大。2024年，广东的校均专业点数为53.72，比排名第二的重庆高出近9个专业点。

（2）呈现出东部及沿海地区往西部地区逐步减少的态势。尽管变化的梯度不是特别明显，但从总体上可以看出这种趋势。

（3）有2个省（自治区）为负增长。它们是广西和贵州。校均专业点数减少较为明显地说明是在进行专业结构调整或是办学的学校类型、数量在调整。其中，贵州调整幅度最大，达到8.11个。

表3-5　分省（自治区、直辖市）的校均专业点数情况

省（自治区、直辖市）	2013年专业点数/个	2013年学校数/所	2013年校均专业点数/个	2024年专业点数/个	2024年学校数/所	2024年校均专业点数/个	增长数/个	增长率/%
安徽省	2674	93	28.75	3244	82	39.56	10.81	37.60
北京市	694	42	16.52	838	32	26.19	9.67	58.54
福建省	1766	71	24.87	2148	51	42.12	17.25	69.36
甘肃省	754	29	26.00	1104	33	33.45	7.45	28.65

省（自治区、直辖市）	2013年专业点数/个	2013年学校数/所	2013年校均专业点数/个	2024年专业点数/个	2024年学校数/所	2024年校均专业点数/个	增长数/个	增长率/%
广东省	3303	104	31.76	5587	104	53.72	21.96	69.14
广西壮族自治区	1989	63	31.57	1977	63	31.38	-0.19	-0.60
贵州省	743	26	28.58	1044	51	20.47	-8.11	-28.38
海南省	363	14	25.93	592	19	31.16	5.23	20.17
河北省	2937	96	30.59	3002	81	37.06	6.47	21.15
河南省	2978	116	25.67	5837	148	39.44	13.77	53.64
黑龙江省	1431	45	31.80	1486	41	36.24	4.44	13.96
湖北省	2518	113	22.28	2786	95	29.33	7.05	31.64
湖南省	1900	94	20.21	2434	96	25.35	5.14	25.43
吉林省	828	49	16.90	1745	52	33.56	16.66	98.58
江苏省	2969	89	33.36	3624	94	38.55	5.19	15.56
江西省	1914	65	29.45	3390	86	39.42	9.97	33.85
辽宁省	1589	67	23.72	1726	58	29.76	6.04	25.46
内蒙古自治区	1108	45	24.62	1330	40	33.25	8.63	35.05
宁夏回族自治区	212	14	15.14	409	18	22.72	7.58	50.07
青海省	145	10	14.50	198	8	24.75	10.25	70.69
山东省	3173	108	29.38	4153	126	32.96	3.58	12.19
山西省	1421	68	20.90	2108	52	40.54	19.64	93.97
陕西省	1531	65	23.55	1990	55	36.18	12.63	53.63
上海市	814	49	16.61	900	39	23.08	6.47	38.95
四川省	2431	90	27.01	3721	114	32.64	5.63	20.84
天津市	774	34	22.76	718	27	26.59	3.83	16.83
西藏自治区	69	6	11.50	48	3	16.00	4.50	39.13
新疆维吾尔自治区（含新疆生产建设兵团）	807	31	26.03	1367	49	27.90	1.87	7.18
云南省	1211	41	29.54	2075	67	30.97	1.43	4.84
浙江省	1527	65	23.49	2112	63	33.52	10.03	42.70
重庆市	1046	48	21.79	2112	47	44.94	23.15	106.24

三、从专业角度看总体情况

下面将从专业大类、专业二级类、专业、近 3 年增减专业的情况 4 个层次来讨论专业的布局情况。

（一）专业大类的布局情况

2016 版目录对专业大类做了调整，如不再保留法律大类名称、公安大类变更为公安与司法大类等。2021 版目录对专业大类名称没有调整。因此，下面把 2013—2015 年作为一个时段，2016—2024 年作为另一个时段来分析历年各专业大类的专业点数情况。详细情况如表 3-6 和表 3-7 所示。

表 3-6 2013—2015 年各专业大类的专业点

专业大类代码	专业大类名称	专业点数/个		
		2013 年	2014 年	2015 年
51	农林牧渔大类	1303	1349	1263
52	交通运输大类	1845	2101	2327
53	生化与药品大类	1453	1439	1342
54	资源开发与测绘大类	858	910	874
55	材料与能源大类	855	880	822
56	土建大类	4274	4622	4585
57	水利大类	182	190	201
58	制造大类	6080	6379	6309
59	电子信息大类	6694	6700	6127
60	环保、气象与安全大类	386	394	345
61	轻纺食品大类	1300	1338	1254
62	财经大类	7601	7900	7633
63	医药卫生大类	1906	1992	2028
64	旅游大类	2248	2331	2218
65	公共事业大类	977	997	957
66	文化教育大类	5263	5158	4534

续表

专业大类代码	专业大类名称	专业点数/个		
		2013 年	2014 年	2015 年
67	艺术设计传媒大类	3736	3850	3713
68	公安大类	141	137	113
69	法律大类	517	512	432

表 3-7 2016—2024 年各专业大类的专业点数

专业大类代码		专业大类名称	专业点数/个								
2016—2020 年	2021 年及以后		2016 年	2017 年	2018 年	2019 年	2020 年	2021 年	2022 年	2023 年	2024 年
51	41	农林牧渔大类	1278	1334	1373	1440	1468	1584	1698	1703	1728
52	42	资源环境与安全大类	1270	1293	1297	1357	1365	1420	1475	1493	1546
53	43	能源动力与材料大类	827	834	826	820	803	836	859	892	955
54	44	土木建筑大类	4574	4604	4679	4743	4735	4732	4805	4767	4615
55	45	水利大类	172	184	193	201	199	220	221	229	224
56	46	装备制造大类	6394	6858	7357	7897	7992	8011	8335	8566	8817
57	47	生物与化工大类	905	880	831	791	708	750	726	732	772
58	48	轻工纺织大类	464	450	461	461	469	462	448	436	441
59	49	食品药品与粮食大类	1136	1201	1313	1428	1453	1540	1588	1601	1632
60	50	交通运输大类	2613	2986	3497	3917	4112	4824	4932	4902	4870
61	51	电子信息大类	6402	6724	7020	7589	8146	8671	9049	9231	9604
62	52	医药卫生大类	2486	2767	3065	3457	3733	4671	4962	5296	5473
63	53	财经商贸大类	8956	9176	9240	9474	9550	9171	9353	9292	9217
64	54	旅游大类	2349	2376	2461	2576	2661	2850	2948	2950	3027
65	55	文化艺术大类	4027	4172	4215	4353	4497	4724	4872	4998	5121
66	56	新闻传播大类	804	815	816	825	825	954	1038	1113	1141
67	57	教育与体育大类	4646	4690	4661	4717	4853	4805	4895	4853	4804
68	58	公安与司法大类	577	577	548	514	482	454	454	463	461
69	59	公共管理与服务大类	930	980	987	1227	1483	1345	1380	1344	1357

如图 3-4 所示。可以明显看出，2013—2015 年时段的财经大类、电子信息大类、制造大类专业点数明显较多，且排名前 3 总是这 3 个大类。这 3 个大类在 2015 年专业点数共计 14763 个，占所有 19 个专业大类总点数的 42.62%。2016—2024 年时段的财经商贸大类、电子信息大类、装备制造大类专业点数明显较多，且排名前 3 总是这 3 个大类。这 3 个大类在 2024 年专业点数共计 27638 个，占 19 个专业大类总点数的 42%。

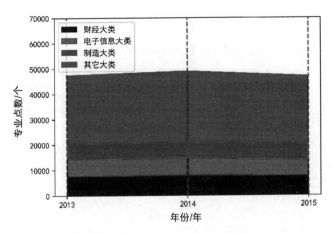

（a）2013—2015 年的专业点数

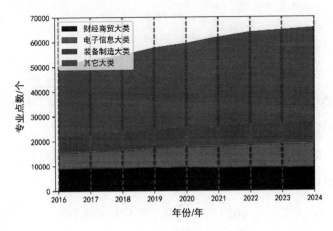

（b）2016—2024 年的专业点数

图 3-4（一）　专业大类的专业点数情况

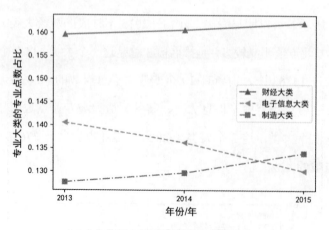

（c）2013—2015 年的专业点数占比

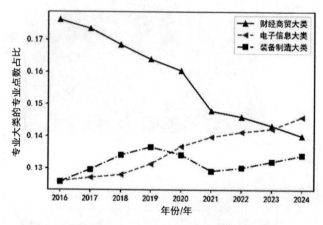

（d）2016—2024 年的专业点数占比

图 3-4（二）　专业大类的专业点数情况

从图 3-4 中的专业点数占比情况来看，经过 2016 版目录的调整，电子信息大类专业点数占比明显不断增大，财经商贸大类专业点数占比明显不断降低。经过 2021 版目录的调整，装备制造大类专业点数占比也在缓慢增加。

（二）专业二级类的布局情况

如表 3-8 所示的 2013—2024 年排名前 7 的专业二级类的专业点数情况可以看出，计算机类的专业点数排名第 1 的位置从未变过；艺术设计类排名前 3 的现象也从未变过，从 2015 年起一直排名第 2；自动化类自 2017 年起一直排名第 3。

表 3-8　2013—2024 年排名前 7 的专业二级类的专业点数

年份	第1名		第2名		第3名		第4名		第5名		第6名		第7名	
	专业类	点数/个	专业类	点数/个	专业类	点数/个	专业类	点数/个	专业类	点数/个	专业类	点数/个	专业类	点数/个
2013	计算机类	4608	语言文化类	2890	艺术设计类	2311	机械设计制造类	2309	旅游管理类	2091	教育类	2081	市场营销类	1990
2014	计算机类	4609	语言文化类	2774	艺术设计类	2403	机械设计制造类	2384	旅游管理类	2151	教育类	2077	财务会计类	2055
2015	计算机类	4206	艺术设计类	2371	语言文化类	2306	机械设计制造类	2259	财务会计类	2078	旅游管理类	2023	市场营销类	2009
2016	计算机类	4210	艺术设计类	3189	机械设计制造类	2317	教育类	2241	自动化类	2159	财务会计类	2094	旅游类	1956
2017	计算机类	4464	艺术设计类	3287	自动化类	2400	机械设计制造类	2320	教育类	2312	财务会计类	2197	旅游类	1958
2018	计算机类	4744	艺术设计类	3332	自动化类	2645	教育类	2374	机械设计制造类	2328	财务会计类	2309	旅游类	2018
2019	计算机类	5242	艺术设计类	3389	自动化类	2874	教育类	2406	财务会计类	2398	机械设计制造类	2334	旅游类	2076
2020	计算机类	5725	艺术设计类	3479	自动化类	3035	教育类	2519	财务会计类	2415	机械设计制造类	2242	旅游类	2124
2021	计算机类	6163	艺术设计类	3589	自动化类	3141	教育类	2598	旅游类	2443	财务会计类	2427	机械设计制造类	2211
2022	计算机类	6552	艺术设计类	3682	自动化类	3311	教育类	2672	旅游类	2506	财务会计类	2477	电子商务类	2352
2023	计算机类	6790	艺术设计类	3748	自动化类	3428	教育类	2650	财务会计类	2479	电子商务类	2472	旅游类	2459
2024	计算机类	7162	艺术设计类	3823	自动化类	3598	电子商务类	2597	教育类	2574	旅游类	2500	财务会计类	2480

如图 3-5 所示，可总结出以下规律：

（1）2016 版目录使 3 个专业二级类的专业点数、相比所有专业类点数的占比、相比所属专业大类的专业点数占比都有较明显的变化。

（2）3 个专业二级类的专业点数变化趋势与相比所有专业类点数的占比变化趋势趋同。即图 3-5（a）和图 3-5（b）中的 3 条曲线图形比较接近。

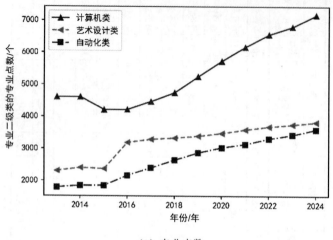

（a）专业点数

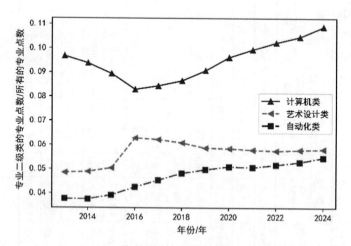

（b）相比所有专业类点数的占比

图 3-5（一）　3 个专业大类的专业点数变化情况

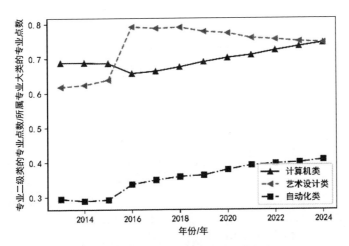

（c）相比所属专业大类的专业点数占比

图 3-5（二）　3 个专业大类的专业点数变化情况

（3）如图 3-4 和图 3-5 所示，计算机类专业所属的电子信息大类的专业点数占所有的专业点数的占比在下降，但计算类专业的专业点数占所属的电子信息大类的专业点数的占比以及占所有的专业点数占比均在上升，足可见计算机类专业的集中现象非常突出。2024 年，2021 版专业目录共有 97 个专业二级类，仅计算机类专业的专业点数就占所有的专业点数约 11%，占所属的电子信息大类的专业点数约 74.6%；艺术设计类的专业点数占所有的专业点数约 5.9%，占所属的文化艺术大类的专业点数约 74.7%。

如表 3-9 所示，排名第 7 的药品与医疗器械类比排名第 6 的占比低了 16.8%。因此，明显在广播影视类、旅游类、化工技术类、艺术设计类、计算机类、水利工程与管理类这 6 个专业二级类比较集中。

表 3-9　2024 年专业二级产占所属专业大类专业点数的比例

专业二级类代码	专业二级类名称	所属专业大类名称	专业二级类专业点数量/个	所属专业大类专业点数量/个	（专业二级类专业点数量/所属专业大类专业点数量）/%
5602	广播影视类	新闻传播大类	1043	1141	0.91411
5401	旅游类	旅游大类	2500	3027	0.8259

续表

专业二级类代码	专业二级类名称	所属专业大类名称	专业二级类专业点数量/个	所属专业大类专业点数量/个	（专业二级类专业点数量/所属专业大类专业点数量）/%
4702	化工技术类	生物与化工大类	587	772	0.760363
5501	艺术设计类	文化艺术大类	3823	5121	0.746534
5102	计算机类	电子与信息大类	7162	9604	0.745731
4502	水利工程与管理类	水利大类	166	224	0.741071
4902	药品与医疗器械类	食品药品与粮食大类	935	1632	0.572917

注：数据按占比从高至低排序。

（三）专业的布局情况

如表 3-10 所示的排名情况，专业集中的现象还是比较明显的：

（1）专业点数非常集中。738 个专业中，有 30 个专业的专业点数超过 500 个，占所有专业点数的 38.65%；有 5 个专业的专业点数超过 1000 个，占所有专业点数的 10.23%，这 5 个专业为大数据与会计、电子商务、机电一体化技术、计算机应用技术、旅游管理。

（2）专业点数占所属专业二级类的比例比较大。有 41 个专业的专业点数占所属专业二级类的专业点数达到一半及以上。这 41 个专业的专业点数超过 100 个的有 24 个专业。药学、现代文秘专业的专业点数分别为 376 个、162 个，其所属的专业二级类"药学类""文秘类"均仅有该专业。康复治疗技术专业的专业点数占比达到"康复治疗类"的 94.07%，该专业类共计 3 个专业。

（3）专业点数所属专业大类的比例个别较大。最为明显的是旅游管理专业，该专业共计 1025 个专业点，所属专业大类"旅游大类"的点数为 3027 个，该专业的点数占所属专业大类的比例超过 1/3（33.86%）。

表 3-10 2024 年专业点数、占所属专业二级类比例、占所属专业大类比例排名前 10 的专业

排名	专业点数排名		占所属专业二级类比例排名		占所属专业大类比例排名	
	专业名称	专业点数/个	专业名称	占所属专业二级类比例/%	专业名称	占所属专业大类比例/%
1	大数据与会计	1666	药学	100.00	旅游管理	33.86
2	电子商务	1577	现代文秘	100.00	应用化工技术	31.22
3	机电一体化技术	1236	康复治疗技术	94.07	智慧健康养老服务与管理	29.33
4	计算机应用技术	1231	水文与水资源技术	84.62	服装设计与工艺	29.02
5	旅游管理	1025	水产养殖技术	82.93	法律事务	27.77
6	计算机网络技术	972	集成电路技术	79.83	酒店管理与数字化运营	27.68
7	大数据技术	965	无人机应用技术	79.32	水利水电建筑工程	22.32
8	学前教育	947	眼视光技术	78.81	学前教育	19.71
9	现代物流管理	946	现代物流管理	76.91	建筑工程技术	19.11
10	建筑工程技术	882	法律事务	75.29	食品检验检测技术	18.50

如图 3-6 所示，大量的专业点数很少，占所属专业二级类的比例很小，占所属专业大类的比例也很小。重点是要找出专业点数多、占所属专业二级类的比例较大、占所属的专业大类比例也较大的专业。为此，可以使用 K-Means 算法对专业进行聚类分析。

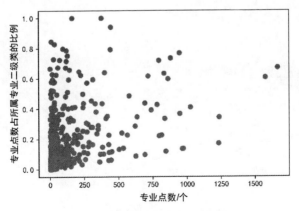

（a）专业点数与其在所属专业二级类的占比

图 3-6（一） 2024 年的数据分布图

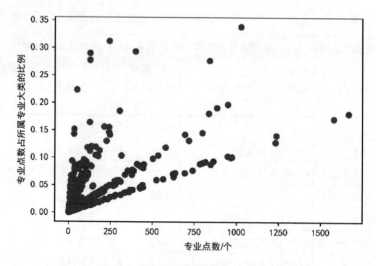

（b）专业点数与其在所属专业大类的占比

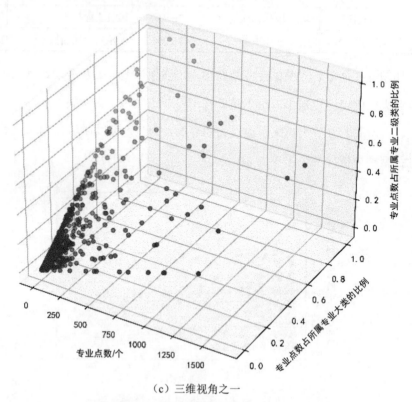

（c）三维视角之一

图 3-6（二） 2024 年的数据分布图

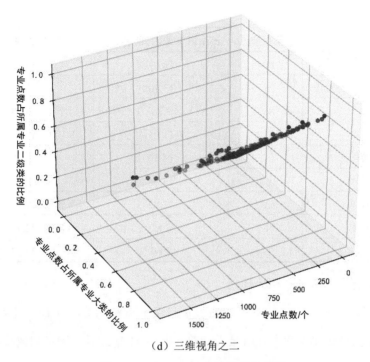

（d）三维视角之二

图 3-6（三）　2024 年的数据分布图

　　根据 K-Means 算法分析，如下专业值得引起特别关注：现代物流管理、建筑工程技术、护理、大数据与会计、电子商务、工程造价、婴幼儿托育服务与管理、市场营销、空中乘务、汽车检测与维修技术、机电一体化技术、计算机应用技术、新能源汽车技术、物联网应用技术，共计 14 个专业。可认为这些专业将是专业结构调整时需要关注的重点专业，如表 3-11 所示。

表 3-11　需要引起关注调整专业结构的专业

专业名称	专业点数/个	占所属专业大类比例/%	占所属专业二级类比例/%
现代物流管理	946	10.26	76.91
建筑工程技术	882	19.11	73.56
护理	796	14.54	72.04
大数据与会计	1666	18.08	67.18
电子商务	1577	17.11	60.72

专业名称	专业点数/个	占所属专业大类比例/%	占所属专业二级类比例/%
工程造价	834	18.07	63.42
婴幼儿托育服务与管理	717	13.10	61.65
市场营销	862	9.35	59.78
空中乘务	577	11.85	48.57
汽车检测与维修技术	693	14.30	43.78
机电一体化技术	1236	14.02	34.35
计算机应用技术	1231	12.82	17.19
新能源汽车技术	782	8.87	42.71
物联网应用技术	739	7.69	32.27

（四）近3年增减专业的情况

由于在网上已有较多的有关2次专业目录大调整的分析文献，此处不再赘述。下面重点分析第2次专业目录大调整（即2021年之后）增设和调减的专业。

2021年之后，新增的专业点如表3-12所示。2021年之后，不再有学校举办的专业如表3-13所示。

表3-12　2021年之后新增的专业点

专业名称	专业代码	所属专业大类	所属专业二级类	新增年份/年	2023年专业点数/个	2024年专业点数/个
数据中心运行与管理	510310	电子与信息大类	通信类	2022	1	2
口腔卫生保健	520807	医药卫生大类	健康管理与促进类	2022	6	13
财政支出绩效管理	530104	财经商贸大类	财政税务类	2022	4	0
国际贸易服务	530506	财经商贸大类	经济贸易类	2022	0	0
政务服务	590107	公共管理与服务大类	公共事业类	2023	—	3
现代杂技表演艺术	550221	文化艺术大类	表演艺术类	2023	—	2
数字影像档案技术	560217	文化艺术大类	表演艺术类	2023	—	1

注：2022年新增的专业2023年开始招生；2023年新增的专业2024年开始招生。

表 3-13 2021 年之后不再有学校举办的专业

专业名称	专业代码	所属专业大类	所属专业二级类	2021 年专业点数/个	2022 年专业点数/个	2023 年专业点数/个	2024 年专业点数/个
数字媒体设备应用与管理	560106	新闻传播大类	新闻出版类	1	1	1	0
海洋渔业技术	410402	农林牧渔大类	渔业类	1	1	0	0
作曲技术	550219	文化艺术大类	表演艺术类	1	1	1	0
皮革加工技术	480107	轻工纺织大类	轻化工类	0	1	1	0
国际贸易服务	530506	财经商贸大类	经济贸易类	—	—	1	0

注：国际贸易服务专业为 2022 年新增专业。

第二节 提出专业调整的对策建议

经过此前的数据分析，下面归结从近 12 年数据点中发现的当前高职专科专业点布局的主要问题与调整的对策建议。

一、两极分化问题及调整对策建议

（一）现象的再次梳理

（1）两极分化现象即"在数量多和数量少的两端高度集中"。两极分化现象的出现，说明尽管 12 年来专业结构的调整在部分专业、专业类、省（自治区、直辖市）已经有了一定的成效，但整体上有问题比较突出。有的专业呈现出高度集中的现象，导致出现办学的同质化。如：2024 年大数据与会计、电子商务专业的专业点数高居排行榜前 2 名，第 2 名电子商务专业的专业点数比第 3 名计算机应用技术专业的专业点数多了 340 个。

与此同时，2024 年仍有 139 个专业的专业点数少于 5 个（含 5 个）。在使用

2021 版专业目录的近 4 年（2021—2024 年），仍然有 7 个专业没有院校举办过（表面精饰工艺、蚕桑技术、地热开发技术、工业材料表面处理技术、哈医学、皮革服装制作与工艺、岩矿分析与鉴定）。2021 年之后，有 5 个专业不再有学校举办。

（2）专业二级类在财经、电子信息、制造 3 个大类上高度集中。2024 年，专业二级类的专业点数排行榜中，第 3 名和第 4 名的数量相差 1001 个。与此同时，到 2024 年，水利大类专业的专业点仍仅 224 个。公安与司法、教育与体育、土木建筑、交通运输大类专业开始呈现出负增长的态势。

（3）在省（自治区、直辖市）的专业点布局上，呈现出"三核一 X"的形态，即 3 个专业点核心圈：四川、广东、四省（江苏、安徽、山东、河南），一个"X"形状的隔离带把 3 个核心圈隔离开来。

（二）对策建议

针对这种两极分化的现象，应当从 2 个方面调整结构。一是分化专业点数量较大的专业、专业类。从专业细分上优化结构，化解同质化现象，如电子商务类的专业中，已分化出受市场和学校欢迎的跨境电子商务专业，为国家产业发展作人才培养的支撑，这种做法值得借鉴。二是建立专业淘汰的机制。重点是对连续 5 年都没有院校举办的专业，应出台淘汰办法，及时修订专业目录。因现有的专业目录是 2021 年制订的，现有使用的《教育部关于印发〈普通高等学校高等职业教育（专科）专业设置管理办法〉和〈普通高等职业教育（专科）专业目录（2015 年）〉的通知》（教职成〔2015〕10 号）只制订了院校举办专业点的淘汰条款，并没有专业目录的专业淘汰办法条款。

针对小众专业的问题，考虑到服务区域经济产业发展仍然是高职（专业）建设的主要任务之一，应当采取积极稳妥和支持特色化发展的调整对策。一是应当设置专项支持院校举办服务地方产业经济发展的特色专业。应以项目的形式刺激院校举办并做大做强这些专业，坚持特色化发展之路，形成地方特色品牌。一旦有立项的支持，原则上立项期间，不能停办该专业。二是应支持院校加快淘汰办学特色不明显且办学规模较小的专业。在专业点下降明显的专业大类上,应当鼓励院校与行业,特别是与主管行业的政府职能部门合作,根据产业发展、行业需求调整专业。三是提倡院校适当在专业大类上有所倾斜。应当促进每所职业院校在办学上以 2～3 个专业大类作为主要办学方向,确定后各级职业教育重点项目向确定的主要办学方向投放。

二、区域不平衡问题及调整对策建议

从专业点的地理分布上,明显出现西部省(自治区、直辖市)发展不足,导致专业点集中在部分省(自治区、直辖市)及东西部发展不平衡的现象。

应加大对西部省(自治区、直辖市)的支援和支持力度。一是应对西藏、青海、宁夏、新疆给予倾斜支持。适当对这些省(自治区、直辖市)投放职业教育重点项目,支持其特色化办学、承担职业教育改革任务。二是应建立省份对省份、院校对院校的对口支援机制。如,可建立"三核一 X"现象中的处于"三核"的省份对口支援西藏、青海、宁夏、新疆的机制。

三、办学主体问题的调整对策建议

《中华人民共和国职业教育法》已明确职业教育是一种与普通教育同等重要的教育类型,但从数据分析的结果来看,成人高校、普通本科院校仍在举办高职专科专业,如至 2024 年仍有 338 所普通本科院校和 7 所成人高校举办高职专科专业。

为加快实现普通教育、职业教育作为 2 种不同类型教育并重但又融通的目的,应采取以下调整对策。一是加快调整办学主体。应加大普通本科院校及成人高校退出举办高职专科专业的力度。可以预见,再经历一些年份的调整,高职院校将成为举办高职专科专业的专门力量。二是把握构建现代职业教育体系的时机。应争取在普通本科院校及成人高校基本退出举办高职专科的同时,构建起完整的现代职业教育体系，特别是加快推进举办本科层次职业教育。至本书成稿时，教育部已批准成立 50 余所职业大学，未来现代职业教育体系将初具雏形。

第三节　用技术实现本章的数据分析过程

在本节中，将详细解说本章第一节数据分析技术的实现方法。由于技术实现的方法类似，后续章节将不再详细说明。

由于总体数据的统计在技术实现上相对较为简单，本节不作详细说明。考虑到部分统计数据较为复杂，下面择其要点进行详细说明。

一、统计出总体的数据

（一）SQL 查询

要统计出历年的专业点数据可采用以下的 SQL 语句：

select memyear,count(*) from specialities group by memyear

统计出结果后将 SQL 语句的执行结果复制到 Excel 文件中，再使用 Python 程序制作出如图 3-2（a）和图 3-2（b）所示的统计图形。

（二）Python 程序

Python 程序如下：

```
import pandas as pd
import numpy as np
import matplotlib.pyplot as plt
from matplotlib.ticker import FuncFormatter
from pylab import mpl

mpl.rcParams['font.sans-serif'] = ['SimHei'] #指定默认字体
#path 为保存 SQL 查询结果 Excel 文件的全路径
path=r'…\总体数据.xlsx'
df =pd.read_excel(path,sheet_name='Sheet1')
```

```
npdata= np.array(df)
print(npdata)
x1 = npdata[:,0] #年份
x2 = x1[1:]
#图 3-2（a）使用下面的注释语句，图 3-2（b）使用现有语句
#y1 = npdata[:,1] #专业点数
y1 = npdata[:,2] #学校数
y2 = (y1[1:] - y1[:-1]) / y1[:-1] #增长率

fig, ax1 = plt.subplots()
bar = ax1.bar(x1, y1,width=0.5,color='g')
#图 3-2（a）使用下面的注释语句，图 3-2（b）使用现有语句
#ax1.legend(bar, ("专业点数",), loc = [0.2, -0.155])
ax1.legend(bar, ("学校数",), loc = [0.2, -0.155])
ax2 = ax1.twinx()
def to_percent(value, position):
    return "%1.0f" % (100 * value) + '%'
ax2.yaxis.set_major_formatter(FuncFormatter(to_percent))
#图 3-2（a）使用下面的注释语句，图 3-2（b）使用现有语句
#ax2.set_ylim(-0.05,0.1)
ax2.set_ylim(-0.05,0.05)
line = ax2.plot(x2, y2, c='r')
for a, b in zip(x2, y2):
    ax2.text(a, b, "%.2f" % (100 * b) + '%', ha='center', va='bottom', fontsize=10)
for a, b in zip(x1, y1):
    ax1.text(a, b, b, ha='center', va='bottom', fontsize=10)
ax2.legend(line, ("增速",), loc = [0.6, -0.155])
#图 3-2（a）使用下面的注释语句，图 3-2（b）使用现有语句
#以下为保存图形的语句
#plt.savefig('.../pic/all_points.jpg',dpi = 500,\
#    bbox_inches = 'tight')
plt.savefig('.../pic/all_schools.jpg',dpi = 500,\
    bbox_inches = 'tight')
plt.show()
```

程序中，要切换制作图 3-2（a）和图 3-2（b）只需要注释相应的语句即可。

二、制作 3 个专业二级类数据的变化图

（一）SQL 查询

首先编写 SQL 语句统计分析 2013—2024 年各专业二级类的专业点数。语句如下：

```
DECLARE @varcodetable as TABLE
    (memyear nvarchar(40),--注册年份
     mintypecode    nvarchar(40),--专业二级类代码
     mintypename nvarchar(40),--专业二级类名称
     countnum int) --专业二级类的点数
DECLARE @memyear NVARCHAR(40) --注册年份
DECLARE @mintype NVARCHAR(40) --专业二级类代码
DECLARE @countnum int --专业点数
DECLARE cursorcode CURSOR FOR
    select memyear,substring(specialityCode,1,4) as mintype,count(*) as countnum
        from specialities
        group by memyear,substring(specialityCode,1,4)
        order by memyear desc,countnum desc
OPEN cursorcode
FETCH NEXT FROM cursorcode INTO @memyear, @mintype, @countnum
declare @mintypename NVARCHAR(40) --专业二级类名称
WHILE @@FETCH_STATUS = 0
BEGIN
    if @memyear>2020
        select top 1 @mintypename=SecondTypeName from SecondType where
            SecondTypeCode=mintype and SecondTypeCode in (select top 1 from
            SpecialitiyDict where SetYear>2020 and
            substring(specialityCode,1,4)=@mintype)
    if @memyear<=2020 and @memyear>2015
        select top 1 @mintypename=SecondTypeName from SecondType where
            SecondTypeCode=mintype and SecondTypeCode in (select top 1 from
            SpecialitiyDict where SetYear <=2020 and SetYear >=2015 and
            substring(specialityCode,1,4)=@mintype)
    if @memyear<=2015
        select top 1 @mintypename=SecondTypeName from SecondType where
```

```
        SecondTypeCode=mintype and SecondTypeCode in (select top 1 from
        SpecialitiyDict where SetYear <2015 and
        substring(specialityCode,1,4)=@mintype)
    insert into @varcodetable (memyear,mintypecode,mintypename,countnum)
        values (@memyear,@mintype,@mintypename,@countnum)
    FETCH NEXT FROM cursorcode INTO @memyear, @mintype, @countnum
END
CLOSE cursorcode
DEALLOCATE cursorcode
select * from @varcodetable
```

复制查询结果至 Excel 文件中，可得到如图 3-7 所示的数据表。

	A	B	C	D
1	year	mintypecode	mintypename	points
2	2024	5102	计算机类	7162
3	2024	5501	艺术设计类	3823
4	2024	4603	自动化类	3598
5	2024	5307	电子商务类	2597
6	2024	5701	教育类	2574
7	2024	5401	旅游类	2500
8	2024	5303	财务会计类	2480
9	2024	4601	机械设计制造类	2171
10	2024	5101	电子信息类	1882
11	2024	4607	汽车制造类	1831
12	2024	5002	道路运输类	1583
13	2024	5306	工商管理类	1442
14	2024	4405	建设工程管理类	1315
15	2024	5308	物流类	1230
16	2024	4401	建筑设计类	1206
17	2024	4403	土建施工类	1199
18	2024	5004	航空运输类	1188
19	2024	5702	语言类	1184
20	2024	5208	健康管理与促进类	1163

图 3-7 得到的专业二级类点数数据表

（二）Python 程序

Python 程序如下：

```
import pandas as pd
import matplotlib.pyplot as plt
from pylab import mpl
import numpy as np
mpl.rcParams['font.sans-serif'] = ['SimHei'] #指定默认字体
plt.rcParams['axes.unicode_minus'] = False #解决负号显示问题
#path 为 Excel 数据表的全路径
```

```
path=r'...\专业类数据.xlsx'
df1 =pd.read_excel(path,sheet_name='Sheet1')
npdata_computer= np.array(df1.query("mintypename=='计算机类'")\
    .sort_values(by='year', ascending=True))
npdata_art= np.array(df1.query("mintypename=='艺术设计类'")\
    .sort_values(by='year', ascending=True))
npdata_auto= np.array(df1.query("mintypename=='自动化类'")\
    .sort_values(by='year', ascending=True))

spec_names=['计算机类','艺术设计类','自动化类']

#==2013—2015 的专业二级类点数增长图==
plt.plot(range(2013,2025),npdata_computer[:,3],\
    ls="-",marker="^",label=spec_names[0])
plt.plot(range(2013,2025),npdata_art[:,3],\
    ls="--",marker="<",label=spec_names[1])
plt.plot(range(2013,2025),npdata_auto[:,3],\
    ls="-.",marker="s",label=spec_names[2])
plt.legend()
plt.xlabel("年份")
plt.ylabel("专业二级类的专业点数")
#保存图形文件
plt.savefig('.../pic/min_types_1.jpg',\
    dpi = 500,bbox_inches = 'tight')

#==2013—2015 的专业二级类点数占比图(相比全部点)==
plt.clf()
sum_df=df1.iloc[:,[0,3]].groupby("year").sum()
#print(sum_df)
#print(npdata_computer)
rate_computer=npdata_computer[:,3]/np.array(sum_df)[:,0]
rate_art=npdata_art[:,3]/np.array(sum_df)[:,0]
rate_auto=npdata_auto[:,3]/np.array(sum_df)[:,0]
plt.plot(range(2013,2025),rate_computer,\
    ls="-",marker="^",label=spec_names[0])
plt.plot(range(2013,2025),rate_art,\
    ls="--",marker="<",label=spec_names[1])
plt.plot(range(2013,2025),rate_auto,\
```

```
        ls="-.",marker="s",label=spec_names[2])
plt.legend()
plt.xlabel("年份")
plt.ylabel("专业二级类的专业点数/所有的专业点数")
#保存图形文件
plt.savefig('.../pic/min_types_2.jpg',\
        dpi = 500,bbox_inches = 'tight')
print(rate_art)


#==2013—2015 的专业二级类点数占比图(相比所在大类)==
plt.clf()
#path 为 Excel 数据表的全路径
path=r'...\专业大类数据统计处理.xlsx'
df_1315 = pd.read_excel(path,sheet_name='2013-2015')
df_1315 = df_1315.iloc[1:20,:5] #2013-2015 年大类数据
df_1315.columns = ['maxtype_code','maxtype_name','points_2013','points_2014',\
        'points_2015']
df_1624 = pd.read_excel(path,sheet_name='2016-2024')
df_1624 = df_1623.iloc[1:20,:12] #2016-2024 年大类数据
df_1624.columns = ['maxtype_code_1620','maxtype_code_2123','maxtype_name',\
        'points_2016','points_2017','points_2018','points_2019','\
        points_2020',\
        'points_2021','points_2022','points_2023','points_2024']


#==计算机类的占比计算==
points_maxtype_computer=[] #计算机类所属大类历年的专业点数
for year in range(2013,2025):
        maxtype_code=str(np.array(df1.query("mintypename=='计算机类' \
        & year=="+str(year))\
        .sort_values(by='year', ascending=True))[0,1])[0:2]
        points=0
        if(year==2013):
                points=np.array(df_1315.query("maxtype_code==\
                        "+maxtype_code)["points_2013"])[0]
        if(year==2014):
                points=np.array(df_1315.query("maxtype_code==")\
                        +maxtype_code)["points_2014"])[0]
        if(year==2015):
```

```python
        points=np.array(df_1315.query("maxtype_code=="\
            +maxtype_code)["points_2015"])[0]
    if(year==2016):
        points=int(np.array(df_1624.query("maxtype_code_1620\
            =="+maxtype_code)["points_2016"])[0])
    if(year==2017):
        points=int(np.array(df_1624.query(\
            "maxtype_code_1620=="+maxtype_code)["points_2017"])[0])
    if(year==2018):
        points=int(np.array(df_1624.query(\
            "maxtype_code_1620=="+maxtype_code)["points_2018"])[0])
    if(year==2019):
        points=int(np.array(df_1624.query(\
            "maxtype_code_1620=="+maxtype_code)["points_2019"])[0])
    if(year==2020):
        points=int(np.array(df_1624.query(\
            "maxtype_code_1620=="+maxtype_code)["points_2020"])[0])
    if(year==2021):
        points=int(np.array(df_1624.query(\
            "maxtype_code_2124=="+maxtype_code)["points_2021"])[0])
    if(year==2022):
        points=int(np.array(df_1624.query(\
            "maxtype_code_2124=="+maxtype_code)["points_2022"])[0])
    if(year==2023):
        points=int(np.array(df_1624.query(\
            "maxtype_code_2124=="+maxtype_code)["points_2023"])[0])
    if(year==2024):
        points=int(np.array(df_1624.query(\
            "maxtype_code_2124=="+maxtype_code)["points_2024"])[0])
    points_maxtype_computer.append(points)
rate_computer=npdata_computer[:,3]/np.array(points_maxtype_computer)

#==艺术设计类的占比计算==
points_maxtype_art=[] #艺术设计类所属大类历年的专业点数
for year in range(2013,2025):
    maxtype_code=str(np.array(df1.query("mintypename=='艺术设计类'\
        & year=="+str(year))\
        .sort_values(by='year', ascending=True))[0,1])[0:2]
```

```
points=0
if(year==2013):
    points=np.array(df_1315.query("maxtype_code\
        =="+maxtype_code)["points_2013"])[0]
if(year==2014):
    points=np.array(df_1315.query("maxtype_code=="\
        +maxtype_code)["points_2014"])[0]
if(year==2015):
    points=np.array(df_1315.query("maxtype_code=="\
        +maxtype_code)["points_2015"])[0]
if(year==2016):
    points=int(np.array(df_1624.query("maxtype_code_1620=="\
        +maxtype_code)["points_2016"])[0])
if(year==2017):
    points=int(np.array(df_1624.query("maxtype_code_1620=="\
        +maxtype_code)["points_2017"])[0])
if(year==2018):
    points=int(np.array(df_1624.query("maxtype_code_1620=="\
        +maxtype_code)["points_2018"])[0])
if(year==2019):
    points=int(np.array(df_1624.query("maxtype_code_1620=="\
        +maxtype_code)["points_2019"])[0])
if(year==2020):
    points=int(np.array(df_1624.query("maxtype_code_1620=="\
        +maxtype_code)["points_2020"])[0])
if(year==2021):
    points=int(np.array(df_1624.query("maxtype_code_2123=="\
        +maxtype_code)["points_2021"])[0])
if(year==2022):
    points=int(np.array(df_1624.query("maxtype_code_2123=="\
        +maxtype_code)["points_2022"])[0])
if(year==2023):
    points=int(np.array(df_1624.query("maxtype_code_2123=="\
        +maxtype_code)["points_2023"])[0])
if(year==2024):
    points=int(np.array(df_1624.query("maxtype_code_2123=="\
        +maxtype_code)["points_2024"])[0])
points_maxtype_art.append(points)
```

```python
rate_art=npdata_art[:,3]/np.array(points_maxtype_art)

#==自动化类的占比计算==
points_maxtype_auto=[] #自动化类所属大类历年的专业点数
for year in range(2013,2025):
    maxtype_code=str(np.array(df1.query("mintypename==\
        '自动化类' & year=="+str(year))\
        .sort_values(by='year', ascending=True))[0,1])[0:2]
    points=0
    if(year==2013):
        points=np.array(df_1315.query("maxtype_code==\
            "+maxtype_code)["points_2013"])[0]
    if(year==2014):
        points=np.array(df_1315.query("maxtype_code==\
            "+maxtype_code)["points_2014"])[0]
    if(year==2015):
        points=np.array(df_1315.query("maxtype_code==\
            "+maxtype_code)["points_2015"])[0]
    if(year==2016):
        points=int(np.array(df_1624.query("maxtype_code_1620==\
            "+maxtype_code)["points_2016"])[0])
    if(year==2017):
        points=int(np.array(df_1624.query("maxtype_code_1620==\
            "+maxtype_code)["points_2017"])[0])
    if(year==2018):
        points=int(np.array(df_1624.query("maxtype_code_1620=="\
            +maxtype_code)["points_2018"])[0])
    if(year==2019):
        points=int(np.array(df_1624.query("maxtype_code_1620=="\
            +maxtype_code)["points_2019"])[0])
    if(year==2020):
        points=int(np.array(df_1624.query("maxtype_code_1620=="\
            +maxtype_code)["points_2020"])[0])
    if(year==2021):
        points=int(np.array(df_1624.query("maxtype_code_2123=="\
            +maxtype_code)["points_2021"])[0])
    if(year==2022):
        points=int(np.array(df_1624.query("maxtype_code_2123=="\
```

```
            +maxtype_code)["points_2022"])[0])
    if(year==2023):
        points=int(np.array(df_1624.query("maxtype_code_2123=="\
            +maxtype_code)["points_2023"])[0])
    if(year==2024):
        points=int(np.array(df_1624.query("maxtype_code_2123=="\
            +maxtype_code)["points_2024"])[0])
    points_maxtype_auto.append(points)
rate_auto=npdata_auto[:,3]/np.array(points_maxtype_auto)
plt.plot(range(2013,2025),rate_computer,\
    ls="-",marker="^",label=spec_names[0])
plt.plot(range(2013,2025),rate_art,\
    ls="--",marker="<",label=spec_names[1])
plt.plot(range(2013,2025),rate_auto,\
    ls="-.",marker="s",label=spec_names[2])
plt.legend()
plt.xlabel("年份")
plt.ylabel("专业二级类的专业点数/所属大类的专业点数")
#保存图形文件
plt.savefig('.../pic/min_types_3.jpg',\
    dpi = 500,bbox_inches = 'tight')
```

据以上程序，可制作出图 3-5（a）、（b）、（c）这 3 个子图，分别对应程序中
保存的 min_types_1.jpg、min_types_2.jpg、min_types_3.jpg 这 3 个图形。

三、聚类分析 2024 年专业点的类型

（一）SQL 查询

要统计出历年的专业点的数据，涉及 3 个数据项：专业点数、专业占所属专
业二级类点数的比例、专业占所属专业大类的比例。可使用如下的 SQL 语句：

```
DECLARE @varcodetable as TABLE
    (specode    nvarchar(40),--专业代码
    specname nvarchar(40),--专业名称
    mintypename nvarchar(40),--专业所属的专业二级类的名称
    maxtypename nvarchar(40),--专业所属的专业大类的名称
```

```sql
        countnum int, --专业点数
        mincountnum int, --专业所属的专业二级类的点数
        maxcountnum int, --专业所属的专业大类的点数
        rate_max float, --专业占所属专业大类点数的比例
        rate_min float) --专业占所属专业二级类点数的比例
DECLARE @mincountnum int
declare @maxtypename nvarchar(40)
declare @mintypename nvarchar(40)
declare @maxcountnum int
declare @rate_max float
declare @rate_min float
declare @year int
select @year=2024 --年份
DECLARE @countnum int
DECLARE @specode nvarchar(40)
DECLARE @spename nvarchar(40)
--声明游标
DECLARE cursorcode CURSOR FOR
    select specialitycode as specode,specialityname as specname,count(*) as countnum
        from specialities where memyear=@year
        group by specialitycode,specialityname order by countnum desc
OPEN cursorcode
FETCH NEXT FROM cursorcode INTO @specode,@spename,@countnum
WHILE @@FETCH_STATUS = 0
BEGIN
    --查询专业大类名称
        select top 1 @maxtypename =FirstTypeName from FirstType where
            FirstTypeCode=maxtype and MaxTypeCode in (select top 1 from
            SpecialitiyDict where SetYear>2020 and
            substring(specialityCode,1,2)=@maxtype)
    --查询专业二级类名称
        select top 1 @mintypename=SecondTypeName from SecondType where
            SecondTypeCode=mintype and SecondTypeCode in (select top 1 from
            SpecialitiyDict where SetYear>2020 and
            substring(specialityCode,1,4)=@mintype)
```

```
--查询专业大类的点数
select    @maxcountnum=count(*) from speciality
    where memyear=@year and
    substring(specialitycode,1,2)=substring(@specode,1,2)
--查询专业二级类的点数
select    @mincountnum=count(*) from speciality
    where memyear=@year and
    substring(specialitycode,1,4)=substring(@specode,1,4)
--计算专业占所属专业大类点数的比例
select @rate_max=(CAST(@countnum as float) / CAST(@maxcountnum as float))
--计算专业占所属专业二级类点数的比例
select @rate_min=(CAST(@countnum as float) / CAST(@mincountnum as float))
insert into @varcodetable (specode,specname,mintypename,maxtypename,
    countnum,mincountnum,maxcountnum,rate_max,rate_min)
    values (@specode,@spename,@mintypename,@maxtypename,@countnum,
    @mincountnum,@maxcountnum,@rate_max,@rate_min)
FETCH NEXT FROM cursorcode INTO @specode,@spename,@countnum
END
CLOSE cursorcode
DEALLOCATE cursorcode
select * from @varcodetable order by rate_min desc,rate_max desc
```

复制查询结果至 Excel 文件中，可得到如图 3-8 所示的数据表

	A	B	C	D	E	F	G	H	I
1	specode	spename	mintype	maxtype	countnum	mincountnum	maxcountnum	rate_max	rate_min
2	540101	旅游管理	旅游类	旅游大类	1025	2500	3027	33.86%	41.00%
3	470201	应用化工技术	化工技术类	生物与化工大类	241	587	772	31.22%	41.06%
4	590302	智慧健康养老服务与管理	公共服务类	公共管理与服务大类	398	621	1357	29.33%	64.09%
5	480402	服装设计与工艺	纺织服装类	轻工纺织大类	128	250	441	29.02%	51.20%
6	580401	法律事务	法律实务类	公安与司法大类	128	170	461	27.77%	75.29%
7	540106	酒店管理与数字化运营	旅游类	旅游大类	838	2500	3027	27.68%	33.52%
8	450205	水利水电建筑工程	水利工程与管理类	水利大类	50	166	224	22.32%	30.12%
9	570102K	学前教育	教育类	教育与体育大类	947	2574	4804	19.71%	36.79%
10	440301	建筑工程技术	土建施工类	土木建筑大类	882	1199	4615	19.11%	73.56%
11	490104	食品检验检测技术	食品类	食品药品与粮食大类	302	665	1632	18.50%	45.41%
12	530302	大数据与会计	财务会计类	财经商贸大类	1666	2480	9217	18.08%	67.18%
13	440501	工程造价	建设工程管理类	土木建筑大类	834	1315	4615	18.07%	63.42%
14	530701	电子商务	电子商务类	财经商贸大类	1577	2597	9217	17.11%	60.72%
15	470208	分析检验技术	化工技术类	生物与化工大类	127	587	772	16.45%	21.64%
16	590202	人力资源管理	公共管理类	公共管理与服务大类	212	328	1357	15.62%	64.63%

图 3-8　2024 年专业数据的数据表

（二）Python 程序

要使用 K-Means 算法进行聚类分析，首先要分析聚成多少个类合适。Python 程序代码如下：

```python
import pandas as pd
import matplotlib.pyplot as plt
from pylab import mpl
import numpy as np
mpl.rcParams['font.sans-serif'] = ['SimHei'] #指定默认字体
plt.rcParams['axes.unicode_minus'] = False #解决负号显示问题

#加载 2024 年专业数据表中的数据，path 为数据表的全路径
path=r'...\专业数据.xlsx'
df =pd.read_excel(path,sheet_name='Sheet2')
npdata=np.array(df.iloc[:,[1,4,7,8]])

#==用 K-Means 算法作聚类分析==
from sklearn.cluster import KMeans
from sklearn import preprocessing
#==标准化数据==
data=np.copy(npdata[:,1:4])
data_x=data[:,0:1]#专业点数
data_y=data[:,1:2]#占二级类比例
data_z=data[:,2:3]#占大类比例
min_max_x=preprocessing.MinMaxScaler()
min_max_x.fit(data_x)
data_x_standard=min_max_x.transform(data_x)
min_max_y=preprocessing.MinMaxScaler()
min_max_y.fit(data_y)
data_y_standard=min_max_y.transform(data_y)
min_max_z=preprocessing.MinMaxScaler()
min_max_z.fit(data_z)
data_z_standard=min_max_z.transform(data_z)
data_standard=np.concatenate([data_x_standard,data_y_standard,data_z_standard],axis=1
)
#==画误差图==
inertia_array=np.zeros(19)
```

```
for n_clusters in range(2,21):
    kmeans=KMeans(n_clusters=n_clusters)
    kmeans.fit(data_standard)
    inertia_array[n_clusters-2]=kmeans.inertia_
#==画误差线图==
plt.plot([5,5],[-1,inertia_array[5-2]],ls="--",color="blue")
plt.plot([6,6],[-1,inertia_array[6-2]],ls="--",color="blue")
plt.plot([7,7],[-1,inertia_array[7-2]],ls="--",color="blue")
plt.plot([8,8],[-1,inertia_array[8-2]],ls="--",color="blue")
plt.plot([9,9],[-1,inertia_array[9-2]],ls="--",color="blue")
plt.xlabel("k")
plt.ylabel("inertia_")
plt.ylim(-1,18)
plt.plot(range(2,21),inertia_array,marker="*")
#保存生成的图形
plt.savefig('.../pic/allE.jpg',dpi = 500,bbox_inches = 'tight')
```

以上程序使用了 scikit-learn 的 sklearn.cluster.KMeans 类作为 K-Means 算法的基础类。对数据作标准化处理后，即可作聚类。程序从分成 2 个类至分成 20 个类作聚类，得到算法的误差值，然成生成肘部图，如图 3-9 所示。

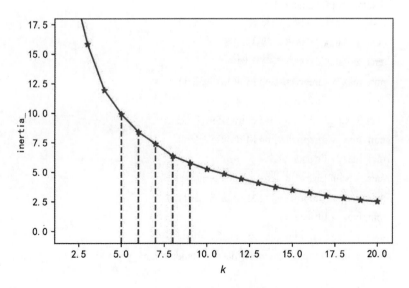

图 3-9　聚类后生成的肘部图

从图 3-9 可看出，取肘部的肘点为合适的聚类类型数，即 k=7。然后再作聚类分析并生成聚类的结果，程序如下所示：

```python
import pandas as pd
import matplotlib.pyplot as plt
from pylab import mpl
import numpy as np
mpl.rcParams['font.sans-serif'] = ['SimHei'] #指定默认字体
plt.rcParams['axes.unicode_minus'] = False #解决负号显示问题

#加载 2024 年专业数据
path=r'…\专业数据.xlsx'
df =pd.read_excel(path,sheet_name='Sheet2')
npdata=np.array(df.iloc[:,[1,4,7,8]])

#==用 K-Means 算法作聚类分析==
from sklearn.cluster import KMeans
from sklearn import preprocessing

#==标准化数据==
data=np.copy(npdata[:,1:4])
data_x=data[:,0:1]#专业点数
data_y=data[:,1:2]#占二级类比例
data_z=data[:,2:3]#占大类比例
min_max_x=preprocessing.MinMaxScaler()
min_max_x.fit(data_x)
data_x_standard=min_max_x.transform(data_x)
min_max_y=preprocessing.MinMaxScaler()
min_max_y.fit(data_y)
data_y_standard=min_max_y.transform(data_y)
min_max_z=preprocessing.MinMaxScaler()
min_max_z.fit(data_z)
data_z_standard=min_max_z.transform(data_z)
data_standard=np.concatenate([data_x_standard,data_y_standard,data_z_standard],axis=1
)

#==画分类图==
```

```
fig = plt.figure(figsize=(8, 8))
ax = fig.add_subplot(111, projection='3d')
n_clusters=7 #聚成 7 类
kmeans=KMeans(n_clusters=n_clusters)
kmeans.fit(data_standard)
#画分类点
type_all=kmeans.predict(data_standard)#预测分类
marker_array=[".","v","^","*","p","8","s"]
for j in range(n_clusters):
    ax.scatter(data[:,0][np.where(type_all==j)],\
        data[:,1][np.where(type_all==j)],\
        data[:,2][np.where(type_all==j)],\
        marker=marker_array[j],label="第"+str(j+1)+"类")
    #输出某个类型的数据点
    print("===第"+str(j+1)+"类====")
    print(npdata[:,:][np.where(type_all==j)])#输出此类的专业点
    #画中心点
    ax.scatter(min_max_x.inverse_transform\
        ([[kmeans.cluster_centers_[j,0]]])[0,0],\
        min_max_y.inverse_transform(\
        [[kmeans.cluster_centers_[j,1]]])[0,0],\
        min_max_z.inverse_transform\
        ([[kmeans.cluster_centers_[j,2]]])[0,0],\
        marker=marker_array[j],s=100,c="red")
ax.set_xlabel("专业点数")
ax.set_ylabel("专业点数占所属大类的比例")
ax.set_zlabel("专业点数占所属二级类的比例")
ax.legend(loc="upper left")
#保存生成的图形
plt.savefig('.../pic/spec_type_3d_'\
    +str(n_clusters)+'.jpg',dpi = 500,bbox_inches = 'tight')
```

程序生成的聚类图如图 3-10 所示。

明显可见，第 2 类为要重点关注的点，因为这些点表示专业点数、专业点数占所属专业二级类的比例、专业点数占所属专业大类的比例相对较高的类型。再输出该类型代表的专业，即可得到如表 3-11 所示的专业名录。

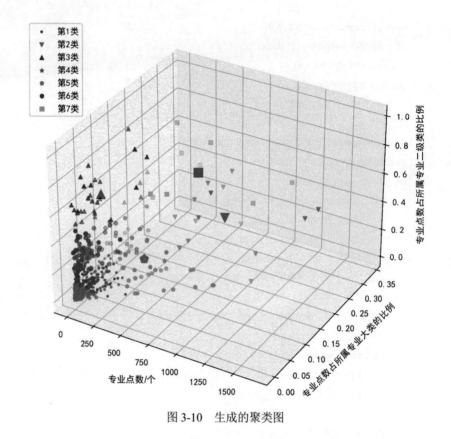

图 3-10　生成的聚类图

本 章 小 结

　　本章对高职专科专业布局进行了总体分析。根据分析的结果，高职院校已成为举办高职专科教育的主要力量，成人高校、普通本科院校正逐步退出举办高职专科。根据历年数据，专业点仍在不断增长，但近年来结构调整情况较多发生。从地理布局来看，专业点在部分省份较为集中，如广东、河南等。从专业的三级分类来看，专业大类在财经商贸大类、电子信息大类、装备制造大类较为集中，部分专业二级类、专业也较为集中。总体上两极分化、区域不衡问题较为突出。

　　在技术实现上，使用 SQL 和 Python 两种编程语言进行数据分析和机器学习，由此分析出需要重点关注调整结构的专业名录，也对总体数据、地理布局、专业类分析等角度作数据分析，并制作出数据分析的图表进行可视化展现。

本章既力图展现出 2013—2024 年这 12 年以来的专业点布局情况，也力图描述清楚技术实现的过程。希望读者通过学习完本章的内容掌握分析专业点数据的方法，以用于后续章节及平常的研究工作之中。

本章参考文献

[1] 刘新文，高献华，王小妍. 宁波高校学科专业设置调查与优化建议[J]. 宁波经济：三江论坛，2024（4）：30-33+9.

[2] 卢坤建，刘刚. 区域高职教育核心竞争力的布局落点与发展策略：基于广东省高职院校高水平专业群的分析[J]. 职业技术教育，2024，45（12）：28-33.

[3] 余蓉. 我省高职教育专科专业设置更优[N]. 湖南日报，2024-04-10（2）.

[4] 马萍，白涵，刘斌. 新疆高职专业结构与区域产业结构契合度研究[J]. 新疆职业教育研究，2024，15（1）：10-14.

[5] 张峰玉，杨明鄂. 基于与区域产业体系匹配的专业布局与策略研究[J]. 时代汽车，2024（6）：38-40.

[6] 石芬芳，孙雅婷. 幼师高专专业结构与经济社会及产业结构的适应性分析[J]. 武汉职业技术学院学报，2024，23（1）：34-38.

[7] 李晓日. 大数据背景下现代商贸专业群专业布局优化研究[J]. 职业，2024（3）：83-85.

[8] 叶林子，杨菲力，蔡进昆. 温州高职院校专业结构与经济产业结构耦合研究[J]. 现代职业教育，2024（4）：77-80.

[9] 刘永亮，杨延波，王雪松. 高水平高职学校专业设置布局与建设改革路径探索与实践[J]. 陕西教育：高教，2024（2）：45-47.

[10] 施炤. 基于机器学习的犯罪分析和预测系统设计与实现[D]. 南京：南京邮电大学，2021.

[11] 邓子云. 全国高职专科电子商务类专业点布局的大数据分析[J]. 职业技术教育，2021，42（5）：21-25.

[12] 陈若冰，周郦楠，李振钰. 辽宁高职医药健康类专业结构现状及发展趋势[J]. 辽宁高职学报，2020，22（8）：40-44+50.

[13] 任聪敏. 高等职业教育专业结构与产业结构适应性研究：以浙江省为例[D]. 上海：华东师范大学，2019.

[14] 张等菊. 高职教育专业设置的管理机制研究[D]. 厦门：厦门大学，2019.

[15] 张雨金. 基于机器学习的光伏发电功率预测研究[D]. 杭州：中国计量大学，2019.

第四章　区域高职专业与产业结构适应性的量化评价研究

为了量化评价一个区域高职专业与产业结构适应的程度，本章将提出结构占比偏差和经专数量比 2 个评价指标，提出这 2 个评价指标的计算公式并作示例计算，给出专业和三次产业的对应关系。

通过对全国层面这 2 个指标进行计算发现：第一产业专业点数过少，其中 2022 年第一产业专业点数仅占所有专业点数的 2.65%；第一产业经专数量比相对第二产业、第三产业经专数量更大，达到 51.98。

本章将用结构占比偏差和经专数量比 2 个评价指标作为特征数据项，并构建 32 个省份的二维数据矩阵。用 K-Means 算法作聚类分析，分析结果认为各次产业均存在异常点，部分省份存在第二产业专业点过少、第三产业专业点过多等问题。针对出现异常的省份和异常现象，本章将提出专业结构调整对策建议。

第一节　说明本章的研究思路及相关研究

党和国家的许多政策文件和社会主义市场经济发展的诉求要求增强高职的适应性。高职专业结构和产业结构的适应性是适应性当中重要的一种。高职院校的主要办学职责之一是服务区域经济发展，因此高职院校举办专业应当适应区域产业的发展。

一、本章的研究思路

为了解决如何评价一个区域的高职专业与产业结构适应的程度的问题，本章将提出评价区域高职专业结构与产业结构适应性的 2 个指标。在收集 GDP、高职专业点的统计数据后，计算得到评价指标的值，再对指标值进行分析；将分别对全国、各省（自治区、直辖市）的指标值进行计算，采用机器学习中的 K-Means 算法选择最优的聚类方式得出聚类的模型，筛选得到认为有异常情况的省份及其异常现象，分析出现的异常情况和程度，进而提出高职专业点的调整对策建议。

上述思路如图 4-1 所示。本章将重点讨论评价指标的理论、计算、结果应用。

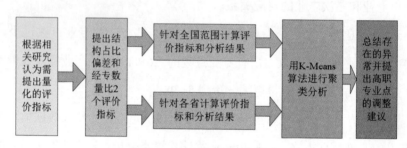

图 4-1　论文的研究工作思路

二、相关的研究情况

CNKI 中已有部分与本章主题相关的研究，文献。这些学术论文有的讨论专业结构与产业结构适应性，有的讨论教育与产业匹配度或契合度。本书作者认为这类研究都是在对适应性作定性和定量研究，对本章的研究工作均有一定的参考价值。有关的研究主要进展情况如下：

（一）定性的适应性评价研究情况

已有的有关定性的适应性评价研究通常直接提出区域专业（群）与产业、教育与经济有关适应性（或契合度、匹配度）方面存在的问题，再提出解决的对策。

麻灵认为，"十三五"期间重庆市高职专业结构与产业结构匹配度总体不高，对此提出构建多元主体参与体系、增强专业规划前瞻性等对策。李红提出应聚焦教育链、人才链、产业链和创新链"四链"来增加职业教育适应性。刘晓、钱鉴楠提出应从产业目录、产业空间布局等方面使职业教育专业与产业对接。房风文、张喜才认为我国高职教育与经济发展的匹配性有增强的趋势，但人才培养质量、体制机制等方面仍存在不足。胡立峰、王志强、贺祖斌等人认为继续教育、普通高等教育专业也需适应产业发展，由此提出一些定性的研究观点供本章的研究作为参考。普通高等教育学科结构也应当与产业结构相适应，与人才供需相匹配。

这些定性的研究提出了有关适应性研究的创新观点，但缺乏对专业、产业的数据分析和论证。

（二）适应性评价模型的研究情况

有学者提出一些适应性评价模型。伍百军提出一种专业设置和产业结构的耦合协调度模型，并以云浮市为案例进行分析。曾升科、李晗等提出一种含4个一级指标、13个二级指标的模型来评价职业教育与经济发展适应性。任聪敏运用相关分析、回归分析、灰色理论模型等方法对浙江省招生数据和产业数据进行分析，并用综合模糊评价法提出一种适应性模型评价浙江省高职专业结构与产业结构的适应程度。胡立峰、夏冬梅等提出一种专业社会适应性评估指标体系的基本雏形，主要从匹配度、支持度、认可度3个层面来构建。刘志民、胡顺顺等提出一种模型从月薪、学科专业、地区分布、学历层次以及综合能力等5个方面评价高等教育与产业的匹配性。岳昌君认为应从专业结构、层次结构、地区结构、能力结构4个方面来考虑专业结构与产业结构之间的关系。

这些模型都有一定的合理性，但通常很难找到模型中各种评价指标所需的全国、各省十年左右的准确数据，部分模型只能借助专家参与分析来弥补数据不足，导致这些模型均具有一定的复杂性且操作不便。

（三）定量的适应性评价研究情况

定量的适应性评价研究已有一定基础。邹吉权、潘海燕等的研究做法是先把高职的专业大类对应到三次产业，再计算就业数据、专业点数据与三次产业 GDP 的偏离程度，以偏离程度代表专业与产业适应的程度。赵竟楠提出用偏离指数计算高职人才供给结构和产业结构的偏离程度。吴凡、苏佳琳提出用结构偏离度来量化评价人才结构与产业结构的偏离程度。徐旦运用主成分分析、聚类分析等统计方法加以计算和评价专业与产业的匹配性。

定量的研究方法需要获取充足的数据，但通常难以充足地、全面地获取就业、招生数据，因此导致这些定量的研究难以得到应用推广。

鉴于上述研究现状，本章提出量化的、可找到准确的数据作为计算基础的评价指标，并作分析。其中，全国高职专业点的布局数据可在全国职业院校专业设置管理与公共信息服务平台中可爬取得到，继而可统计出专业点数和举办学校数据。至于全国 GDP 数据，国家统计局每年都会公布。能否用专业点数、举办学校数代表高职专业的量化数据？用这些精准的数据提出可用的评价指标，则有可能通过机器学习、大数据分析等技术分析出专业点布局存在的问题。

第二节　提出评价的 2 个指标

人们通常认为，GDP 代表着经济发展的程度。由于经济上产业的划分粒度难以把握，获得历年各个产业的 GDP 数据也较为困难，本书作者带领的研究团队打算用三次产业的划分作为产业结构的划分方式，从而设计产业结构的评价指标。

一、GDP 与专业点数的线性关系

经统计，全国 GDP、高职学校数量、高职点数如表 4-1 所示，制作线性关系图如图 4-2 所示。

表 4-1　全国 GDP、高职学校数量、高职专业点数的统计表

年度/年	全国 GDP/亿元	全国高职学校数量/所	全国高职专业点数/个
2022	1,210,207	1,907	64,038
2021	1,143,670	1,933	62,024
2020	1,015,986	1,909	59,534
2019	990,865	1,902	57,787
2018	900,309	1,888	54,840
2017	827,122	1,903	52,901
2016	744,127	1,897	50,810
2015	676,708	1,858	47,077
2014	636,463	1,848	49,179
2013	568,845	1,850	47,619

注：数据来源于国家统计局官网。

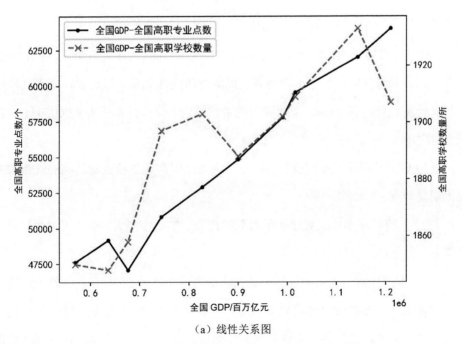

（a）线性关系图

图 4-2（一）　GDP 与高职专业点数线性关系示意图

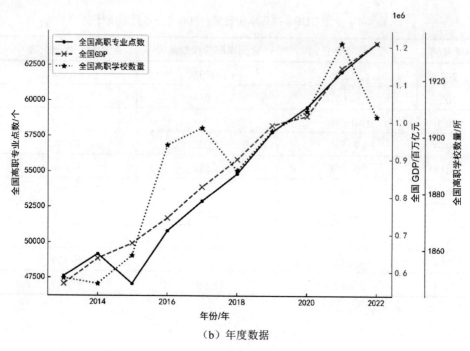

（b）年度数据

图 4-2（二）　GDP 与高职专业点数线性关系示意图

从图 4-2 可以看出，全国高职专业点数和全国 GDP 线性关系明显，仅在 2015 年专业点数有所异常，但不影响两者之间的总体线性关系。经计算，两者之间的皮尔森相关系数达到 0.986，皮尔森相关系数对应的显著性水平为 0.000542。存在以下方面的原因：

（1）GDP 与高职专业点数之间比 GDP 与全国高职学校数量之间的线性关系更为明显。

（2）全国高职专业点数比全国高职学校数量的数字更大，数字更大则更具备数据分析的基础。

（3）本书作者带领的研究团队认为高职专业点数与 GDP 存在某种内在的联系，GDP 越大，自然需要布局更多的高职专业点来支撑经济发展；针对不同的产业与专业，如果适应性强，则这种对应关系应存在一个较为稳定的比例值或比例值区间。

因此，本书作者带领的研究团队选择全国高职专业点数与 GDP 来设计并计算适应性评价的指标。

二、产业与专业的对应关系

高职专业目录在 2015 年（2016 年开始使用新的专业目录）和 2021 年（当年开始使用新的专业目录）经历了 2 次重大的专业目标调整。本书作者带领的研究团队认为每个专业都可以对应到某个产业，亦可对应到三次产业中的一个。首先，需要确定高职专业与三次产业的对应关系；然后，才能根据对应关系对适应性设计评价指标，并统计出三次产业对应的专业点数据。

由于 2013—2022 年的 10 年间有 3 个专业目录，因此需要用这 3 个专业目录中的专业大类及部分专业二级类、专业来对应三次产业。经研究，直接把专业大类对应三次产业的做法虽然简单，但并不准确。因此，本书作者带领的研究团队设置专业与三次产业对应关系如表 4-2 所示。

三、评价的 2 个指标

下面提出评价的 2 个指标及其计算方法如下：

（1）结构占比偏差。根据第一产业、第二产业、第三产业在 GDP 中占比的比值，分别与这三次产业对应的高职专业点数占比计算偏差值，再以偏差值之和作为结构占比偏差（Deviation in Proportion of Structure，DPS）。DPS 计算公式如下：

$$DPS = \sum_{i=1}^{3} |PGDP_i - PSP_i| = \sum_{i=1}^{3} \left| \frac{GDP_i}{GDP} - \frac{P_i}{P} \right| \qquad （公式 1）$$

其中，PGDP（Proportion of GDP）表示 GDP 占比，$PGDP_i$ 表示第 i 次产业在 GDP 中占比的比值；PSP（Proportion of Special Points）表示专业点数占比，PSP_i 表示第 i 次产业对应的高职专业点数占比；GDP_i 表示第 i 次产业的 GDP；P_i 表示第 i 次产业对应的高职专业点数。

表 4-2　专业与三次产业的对应关系

2015 年及以前的专业	2016—2020 年的专业	2021 年及以后的专业	对应的三次产业
"51 农林牧渔大类"的所有专业	"51 农林牧渔大类"的所有专业	"41 农林牧渔大类"的所有专业	第一产业
1."53 生化与药品大类"的所有专业 2."54 资源开发与测绘大类"中"5402 地质工程与技术类""5403 矿业工程类""5404 石油与天然气类""5405 矿物加工类"这 4 个二级类的所有专业 3."55 材料与能源大类"的所有专业 4."56 土建大类"的所有专业 5."58 制造大类"的所有专业 6."59 电子信息大类"的所有专业 7."61 轻纺食品大类"的所有专业	1."52 资源环境与安全大类"中"5202 地质类""5204 石油与天然气类""5205 煤炭类""5206 金属与非金属矿类"这 4 个二级类的所有专业 2."53 能源动力与材料大类"的所有专业 3."54 土木建筑大类"的所有专业 4."56 装备制造大类"的所有专业 5."57 生物与化工大类"的所有专业 6."58 轻工纺织大类"的所有专业 7."59 食品药品与粮食大类"中"5901 食品工业类""5902 药品制造类""5904 粮食工业类"这 3 个二级类的所有专业 8."61 电子信息大类"的所有专业	1."42 资源环境与安全大类"中"4202 地质类""4204 石油与天然气类""4205 煤炭类""4206 金属与非金属矿类"这 4 个二级类的所有专业 2."43 能源动力与材料大类"的所有专业 3."44 土木建筑大类"的所有专业 4."46 装备制造大类"的所有专业 5."47 生物与化工大类"的所有专业 6."48 轻工纺织大类"的所有专业 7."49 食品药品与粮食大类"中二级类"4901 食品类"的"490101 食品智能加工技术""490105 酿酒技术"这 2 个专业，二级类"4902 药品与医疗器械类"的"490201 药品生产技术""490202 生物制药技术""490203 药物制剂技术""490204 化学制药技术""490205 兽药制药技术"这 5 个专业 8."4903 粮食类"中二级类"490301 粮食工程技术与管理"的所有专业 9."51 电子与信息大类"的所有专业	第二产业
1."52 交通运输大类"的所有专业 2."54 资源开发与测绘大类"中"5401 资源勘查类""5406 测绘类"这 2 个二级的所有专业 3."57 水利大类"的所有专业 4."60 环保、气象与安全大类"的所有专业 5."62 财经大类"的所有专业 6."63 医药卫生大类"的所有专业 7."64 旅游大类"的所有专业 8."65 公共事业大类"的所有专业 9."66 文化教育大类"的所有专业 10."67 艺术设计传媒大类"的所有专业 11."68 公安大类"的所有专业 12."69 法律大类"的所有专业	1."52 资源环境与安全大类"中"5201 资源勘查类""5203 测绘地理信息类""5207 气象类""5208 环境保护类""5209 安全类"这 5 个二级类的所有专业 2."55 水利大类"的所有专业 3."59 食品药品与粮食大类"中"5903 食品药品管理类""5905 粮食储检类"这 2 个二级类的所有专业 4."60 交通运输大类"的所有专业 5."62 医药卫生大类"的所有专业 6."63 财经商贸大类"的所有专业 7."64 旅游大类"的所有专业 8."65 文化艺术大类"的所有专业 9."66 新闻传播大类"的所有专业 10."67 教育与体育大类"的所有专业 11."68 公安与司法大类"的所有专业 12."69 公共管理与服务大类"的所有专业	1."42 资源环境与安全大类"中"4201 资源勘查类""4203 测绘地理信息类""4207 气象类""4208 环境保护类""4209 安全类"这 5 个二级类的所有专业 2."45 水利大类"的所有专业 3."49 食品药品与粮食大类"中二级类"4901 食品类"的"490102 食品质量与安全""490103 食品营养与健康""490104 食品检验检测技术""90106 食品贮运与营销"这 4 个专业，二级类"4902 药品与医疗器械类"的"490206 药品质量与安全""490207 制药设备应用技术""490208 药品经营与管理""490209 食品药品监督管理""490210 智能医疗装备技术""490211 医用电子仪器技术""490212 医用材料与应用""490213 医疗器械维护与管理""490214 医疗器械经营与服务""490215 康复工程技术""490216 保健食品质量与管理""490217 化妆品经营与管理""490218 化妆品质量与安全"这 13 个专业，二级类"4903 粮食类"的"490302 粮食储运与质量安全"专业 4."50 交通运输大类"的所有专业 5."52 医药卫生大类"的所有专业 6."53 财经商贸大类"的所有专业 7."54 旅游大类"的所有专业 8."55 文化艺术大类"的所有专业 9."56 新闻传播大类"的所有专业 10."57 教育与体育大类"的所有专业 11."58 公安与司法大类"的所有专业 12."59 公共管理与服务大类"的所有专业	第三产业

注：1. 专业大类的标示采用"专业大类代码 专业大类名称"的形式。
　　2. 专业二级类的标示采用"专业二级类代码 专业二级类名称"的形式。
　　3. 专业的标示采用"专业代码 专业名称"的形式。
　　4. 本书作者带领的研究团队认为 3 个专业目录的部分大类跨了三次产业中的多个产业。本书作者带领的研究团队针对这些大类在专业二级类和专业层面设置专业与产业的对应关系：2015 年及以前的资源开发与测绘大类，2016—2020 年的资源开发与测绘大类、食品药品与粮食大类，2021 年及以后的资源开发与测绘大类、食品药品与粮食大类。

从公式 1 来看，DPS 反映了 PGDP 与 PSP 之间的总体偏差程度，值越大表明偏差程度越大。对于第 i 次产业而言，DPS_i 为

$$DPS_i = |PGDP_i - PSP_i| = \left| \frac{GDP_i}{GDP} - \frac{P_i}{P} \right| \qquad （公式 2）$$

从公式 1 和公式 2 来看，如果去掉绝对值符号来计算：

$$\sum_{i=1}^{3} (PGDP_i - PSP_i) = \sum_{i=1}^{3} \left(\frac{GDP_i}{GDP} - \frac{P_i}{P} \right)$$

这显然没有意义，因为经过累加后，正负值很可能相抵。但是对于第 i 次产业的计算而言，计算以下值是有意义的：

$$PGDP_i - PSP_i = \frac{GDP_i}{GDP} - \frac{P_i}{P}$$

如果其值为正数，则认为第 i 次产业的发展超前于对应高职专业的发展；如果其值为负数，则认为高职专业的发展超前于第 i 次产业的发展。

（2）经专数量比。考虑到 GDP 与高职专业点数呈较强的线性关系，可用 GDP 与专业点数之比作为经专数量比（Ratio of GDP to Special Points，RGSP）。RGSP 计算公式如下：

$$RGSP = \frac{GDP}{P} \qquad （公式 3）$$

据公式 3，得到第 i 次产业相应的 $RGSP_i$：

$$RGSP_i = \frac{GDP_i}{P_i}$$

本书作者带领的研究团队认为，对于专业与产业适应性较好的区域，RGSP 应在 DPS 较小的情况下，较为稳定地处于某个数值的附近。各区域之间比较时，RGSP 越大，说明一个区域的产业发展相对高职专业点布局要更快。

第三节　计算并分析评价指标

下面对全国的统计数据做出分析，后续再扩展分析各省的情况。

一、全国 GDP 与专业点数

全国三次产业的 GDP 数据如表 4-3 所示。

表 4-3　全国三次产业的 GDP 数据　　　　　　单位：亿元

年度/年	GDP_1	GDP_2	GDP_3	GDP
2022	88,260	480,807	634,396	1,203,463
2021	83,221	449,062	610,199	1,142,483
2020	78,031	382,893	549,014	1,009,938
2019	70,474	381,590	530,257	982,321
2018	64,748	363,741	485,629	914,118
2017	62,097	337,659	432,342	832,097
2016	60,161	310,384	380,405	750,949
2015	57,768	298,297	337,578	693,643
2014	55,628	291,499	301,178	648,305
2013	52,923	273,924	271,128	597,975

注：1. 数据四舍五入保留整数。
　　2. 数据来源于国家统计局官网。

据表 4-2，可对全国高职专业点数据进行统计，结果如表 4-4 所示。

表 4-4　三次产业对应的专业点数　　　　　　单位：个

年度/年	P_1	P_2	P_3	P
2022	1,698	25,003	37,337	64,038
2021	1,584	24,236	36,204	62,024
2020	1,468	24,265	33,801	59,534

续表

年度/年	P_1	P_2	P_3	P
2019	1,440	23,723	32,624	57,787
2018	1,373	22,543	30,924	54,840
2017	1,334	21,671	29,896	52,901
2016	1,278	20,913	28,619	50,810
2015	1,263	20,911	24,903	47,077
2014	1,349	21,882	25,948	49,179
2013	1,303	21,169	25,147	47,619

二、计算方法示例

据表 4-2 至表 4-4，计算三次产业中的各次产业的 PGDP、各次产业对应的 PSP、DPS、RGSP，结果如表 4-5、表 4-6 所示。以 2022 年的 DPS、RGSP 计算为例，计算过程如下：

$$\text{DPS} = \sum_{i=1}^{3} |\text{PGDP}_i - \text{PSP}_i| = \sum_{i=1}^{3} \left| \frac{\text{GDP}_i}{\text{GDP}} - \frac{P_i}{P} \right|$$

$$= \left| \frac{88260}{1203463} \times 100\% - \frac{1698}{64038} \times 100\% \right| + \left| \frac{480807}{1203463} \times 100\% - \frac{25003}{64038} \times 100\% \right|$$

$$+ \left| \frac{634396}{1203463} \times 100\% - \frac{37337}{64038} \times 100\% \right|$$

$$\approx |7.33\% - 2.65\%| + |39.95\% - 39.04\%| + |52.71\% - 58.30\%|$$

$$= 11.18\%$$

$$\text{RGSP} = \frac{\text{GDP}}{P} = \frac{1203463}{64038} \approx 18.79$$

表 4-5　计算得到的 DPS　　　　　　　　单位：%

年度/年	$RGSP_1$	$RGSP_2$	$RGSP_3$	PSP_1	PSP_2	PSP_3	DPS_1	DPS_2	DPS_3	DPS
2022	7.33	39.95	52.71	2.65	39.04	58.30	4.68	0.91	5.59	11.18
2021	7.28	39.31	53.41	2.55	39.08	58.37	4.73	0.23	4.96	9.92
2020	7.73	37.91	54.36	2.47	40.76	56.78	5.26	2.85	2.42	10.53

续表

年度/年	RGSP$_1$	RGSP$_2$	RGSP$_3$	PSP$_1$	PSP$_2$	PSP$_3$	DPS$_1$	DPS$_2$	DPS$_3$	DPS
2019	7.17	38.85	53.98	2.49	41.05	56.46	4.68	2.20	2.48	9.36
2018	7.08	39.79	53.13	2.50	41.11	56.39	4.58	1.32	3.26	9.16
2017	7.46	40.58	51.96	2.52	40.97	56.51	4.94	0.39	4.55	9.88
2016	8.01	41.33	50.66	2.52	41.16	56.33	5.49	0.17	5.67	11.33
2015	8.33	43.00	48.67	2.68	44.42	52.90	5.65	1.42	4.23	11.30
2014	8.58	44.96	46.46	2.74	44.49	52.76	5.84	0.47	6.30	12.61
2013	8.85	45.81	45.34	2.74	44.45	52.81	6.11	1.36	7.47	14.94

注：数据四舍五入保留 2 位小数。

表 4-6　计算得到的 RGSP

年度/年	RGSP$_1$	RGSP$_2$	RGSP$_3$	RGSP
2022	51.98	19.23	16.99	18.79
2021	52.54	18.53	16.85	18.42
2020	53.15	15.78	16.24	16.96
2019	48.94	16.09	16.25	17.00
2018	47.16	16.14	15.70	16.67
2017	46.55	15.58	14.46	15.73
2016	47.07	14.84	13.29	14.78
2015	45.74	14.27	13.56	14.73
2014	41.24	13.32	11.61	13.18
2013	40.61	12.94	10.78	12.56

注：数据四舍五入保留 2 位小数。

三、结构占比偏差分析

为了更为直观地观察 DPS 的变化情况，制作折线图和堆积折线图，如图 4-3 所示。

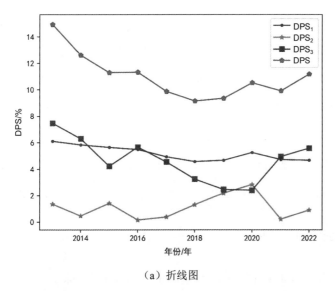

（a）折线图

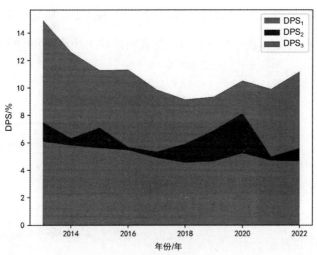

（b）堆积折线图

图 4-3　DPS 的变化情况

结合表 4-5 和图 4-3 分析，可得出以下 4 个特征：

（1）近 5 年 DPS 在增加。2018 年以前，总体结构偏差都在下降，一度降到了 10% 以下；但自 2018 年起，总体结构偏差在上升，这种趋势较为明显。从图中可以看出，根本原因在于 DPS_1 和 DPS_3 均较大。

（2）DPS_1总是较大。尽管总体上DPS_1在缓慢下降，但偏差一直较大，且占到DPS的一半左右。从具体数据来看，PSP_1总是低于$PGDP_2$。从现有数据来看，如果总体上认为专业与经济发展相适应，则第一产业专业点明显开设过少。

（3）DPS_2较小。2020年前DPS_2在增加，但在2020年经过专业目录调整后，DPS_2明显下降。这表明，总体上第二产业专业点数量基本合理。

（4）DPS_3近年增加明显。特别是2011年和2022年，PSP3明显高于$PGDP_3$。以2022年为例，PSP_3高于$PGDP_3$ 5.59个百分点，偏差占到了DPS的一半。

四、经专数量比分析

如表4-6和图4-4所示，经专数量比呈现出以下2个特征：

（1）$RGSP_2$、$RGSP_3$、$RGSP$差异较小。从图4-4中明显可看出这种情况。这3条曲线总体上均呈缓慢上升趋势，这表明总体上经济增长的速度要稍快于专业点数增长的速度。

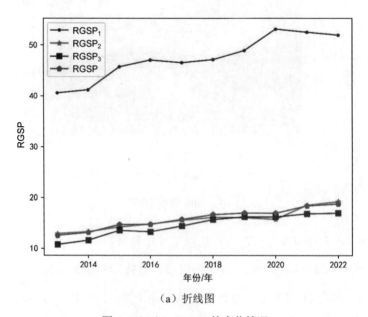

（a）折线图

图4-4（一） RGSP的变化情况

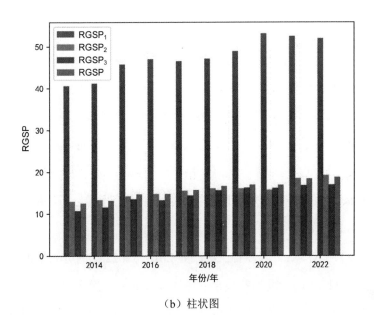

（b）柱状图

图 4-4（二） RGSP 的变化情况

（2）RGSP$_1$ 相对较大。RGSP$_1$ 比在 2020 年以前一直呈上升趋势，从 2020 年起开始缓慢下降。RGSP$_1$ 明显比 RGSP、RGSP$_2$、RGSP$_3$ 都要大很多。其中，2022 年的 RGSP$_1$ 是 RGSP$_3$ 的 3.06 倍。在 RGSP$_1$ 很小的情况下，RGSP$_1$ 还如此之大，说明第一产业专业点数偏少，专业点数明显不适应经济发展需求。

第四节　聚类分析评价指标

之所以做聚类而不是分类，是因为缺乏根据评价指标研判是否异常的样本数据，而不能做有监督的机器学习。做聚类分析的主要目的是使用评价指标找出有异常和没有异常的划分边界，再用于分析异常的情况、作分类预测和辅助提出应对策略。然而，想要只划分为有异常、没有异常 2 类并不现实，因为只聚为 2 个类难以得到理想的聚类模型，即便是聚为多个类也还需要讨论聚类模型是否理想。

一、数据呈现情况

聚类算法有很多种，该先用哪一种？首先，提出的 2 个评价指标具有明确的数据值，可计算出距离；其次，从数据分布的情况来看未见有复杂、密度聚类现象和明显的聚类图案（图 4-5），且数据集也只有二维，故将使用 K-Means 算法做聚类分析。

为了便于后续的聚类分析，下面先根据 2 个评价指标把历年所有的数据点分布情况呈现出来，如图 4-5 所示。

图 4-5（a）、（b）、（c）为各省三次产业 2013—2022 年的分布情况。图 4-5（d）为图 4-5（a）、（b）、（c）叠加的效果。图 4-5（e）为三次产业总计后各省 2013—2022 年的总体情况。图 4-5（f）为图 4-5（d）、（e）叠加的效果。由于图 4-5（e）、（f）的 DPS 累加了三次产业的 DPS_1、DPS_2、DPS_3 的值，故 DPS 与 DPS_1、DPS_2、DPS_3 并不具备可比性，因此图 4-5（f）不具有分析的实用价值。本书作者带领的研究团队认为各次产业应具有各自的特性，理想的 RGSP 应各不相同，故图 4-5（e）也不作为研究的重点。

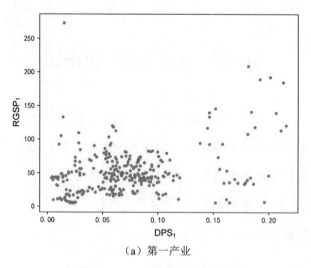

（a）第一产业

图 4-5（一）　数据点分布情况

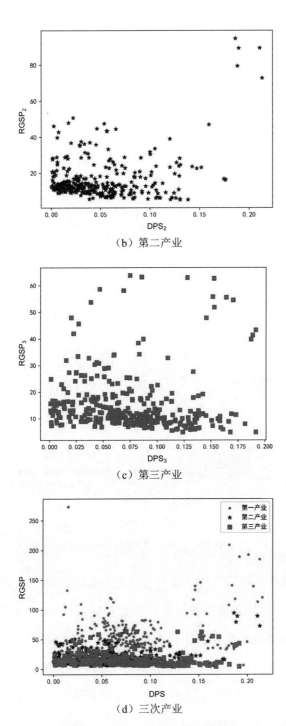

（b）第二产业

（c）第三产业

（d）三次产业

图 4-5（二）　数据点分布情况

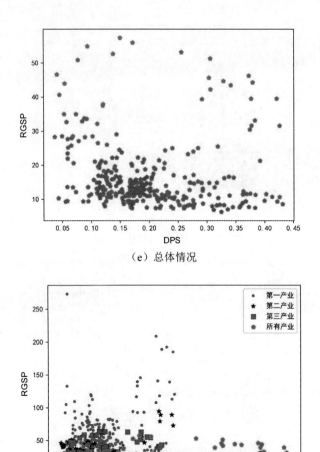

（e）总体情况

（f）三次产业和总体情况

图 4-5（三）　数据点分布情况

接下来的聚类分析将基于以下 3 个主要观点做进一步分析：

（1）离群点为明显异常的数据点。如图 4-5（a）中，明显有 $RGSP_1$ 在 250 以上的情况，这显然为离群点。在后续的聚类分析中，离群点不可能单独归为一类。经数据分析，离群点表示天津市 2022 年 GDP_1 为 273.2 亿元，但第一产业对应的专业点只有 1 个。这个离群点表示的是天津市的第一产业对应仅天津滨海职业学院开设有园林技术专业。

（2）将三次产业分别作聚类分析。由于各次产业 RGSP 存在一定差异，应分别作聚类分析。由图 4-5（a）、（b）、（c）也可以看出这一点，$RGSP_1$ 明显大于 $RGSP_2$、$RGSP_3$；$RGSP_2$、$RGSP_3$ 大多处于 20 以下。

（3）把总体情况作单独聚类分析。总体情况下的 DPS 为累积值，因此不具备和各次产业的 DPS 的可比性。从图 4-5（e）、（f）也可以看出，总体情况下的 DPS 跨度较大。

二、聚类分析的原理

聚类分析是一类无监督的机器学习算法的统称。本书作者带领的研究团队使用 K-Means 算法进行聚类分析的过程如图 4-6 所示。

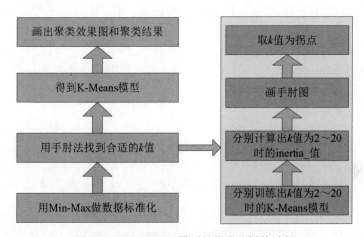

图 4-6　用 K-Means 模型做聚类分析的过程

在进行以 DPS 和 RGSP 为数据集的聚类分析前，应对数据集进行 Min-Max 标准化。标准化的公式如下：

$$x = \frac{x^* - \text{Min}(X)}{\text{Max}(X) - \text{Min}(X)} \qquad （公式 4）$$

公式 4 中，x^* 表示标准化前的值；x 表示标准化后的值；X 表示数据集。

本书作者带领的研究团队编程实现机器学习算法时采用的是 Python 编程语言和 scikit-learn 软件包，故实际上使用的是 K-Means++算法(一种改进的 K-Means 算法)。使用 K-Means++算法需要找到一个合适的 k 值。本书作者带领的研究团队用手肘法找到合适的 k 值。手肘法的做法是根据 K-Means 模型的 inertia_ 绘制出一条曲线，形如人的手部，肘部（即拐点）处的 k 值就是合适的 k 值。inertia_ 的值就是各数据点到其所属聚类中心距离的平方和，计算公式如下：

$$W(k) = \sum_{i=1}^{k} \text{distances}(\boldsymbol{x}_i, \textbf{Center}_i) = \sum_{i=1}^{k} \sum_{j=1, x_j \in C_i}^{|C_i|} (\boldsymbol{x}_{ij} - \textbf{Center}_i)^2 \quad （公式 5）$$

公式 5 中，x_i 表示第 i 个类的数据点集合；x_{ij} 表示第 i 个类的第 j 个数据点；$\textbf{Center}_i$ 表示第 i 个类的中心点；$\text{distances}(\boldsymbol{x}_i, \text{Center}_i)$ 表示第 i 个类中所有数据点到其 $\textbf{Center}_i$ 的距离的平方和；$(\boldsymbol{x}_{ij} - \textbf{Center}_i)^2$ 表示第 i 个类中第 j 个数据点到 $\textbf{Center}_i$ 的距离；C_i 为第 i 个类的数据点集合，故第 i 个类的数据点个数为 $|C_i|$。

得到 K-Means 模型后就可以用来预测分类和画出各种类型的边界了。下面先对第一产业进行聚类分析。

三、第一产业聚类分析

按图 4-6 所示的过程制作手肘图，如图 4-7 所示，拐点可取 k=5、k=6 或 k=7。其中，inertia_ 为标准化后计算出的值。为方便对比，分别画出 k=5、k=6、k=7 时的聚类效果及分类边界。本书作者带领的研究团队认为：左上角的类、右上角的类、右下角的类均视为有异常情况的类。

考虑到应尽可能地使 inertia_ 值更小，且递减速度较快（即处于肘部），故取 k=7，结果如表 4-7 所示。

根据表 4-7，结合 K-Means 模型，可找到认为有异常的数据点。其中，2022 年有异常的数据点如表 4-8 所示。

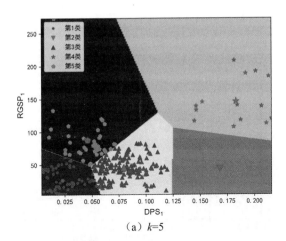

（a）k=5

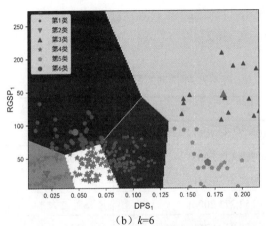

（b）k=6

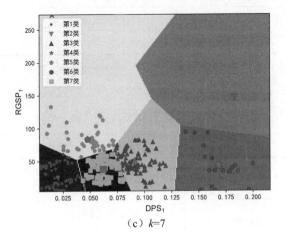

（c）k=7

图 4-7（一） 第一产业的聚类分析图

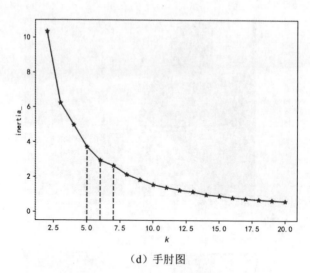

（d）手肘图

图 4-7（二）　第一产业的聚类分析图

表 4-7　*k*=7 时的聚类分析（第一产业）

类型	中心点	问题分析
第 1 类	[0.0202,26.5703]	无
第 2 类	[0.1768,137.2005]	DPS_1 过大且 $RGSP_1$ 过大
第 3 类	[0.0912,50.7933]	无
第 4 类	[0.0154,273.2000]	$RGSP_1$ 过大
第 5 类	[0.0478,83.6825]	无
第 6 类	[0.1718,34.6832]	DPS_1 过大
第 7 类	[0.0622,37.7318]	无

注：中心点坐标值保留 4 位小数。

表 4-8　2022 年有异常的数据点（第一产业）

数据点	属于类型	问题描述
[0.0154,273.2000]	第 4 类	天津市，2022 年 $RGSP_1$ 过大。GDP_1 为 273 亿元，但专业点数量仅有 1 个
[0.1597,35.0476]	第 6 类	黑龙江省，2022 年 DPS_1 过大。GDP_1 为 3610 亿元，专业点数为 103 个。$PGDP_1$ 为 22.7%，但 PSP_1 仅为 6.74%

续表

数据点	属于类型	问题描述
[0.1874,118.1500]	第2类	海南省，2022年DPS_1过大且$RGSP_1$过大。GDP_1为1418亿元，但专业点数量只有12个。$PGDP_1$为20.79%，但PSP_1仅为2.05%
[0.1464,133.4313]	第2类	广西壮族自治区，2022年DPS_1过大且$RGSP_1$过大。GDP_1为4270亿元，但专业点数只有32个。$PGDP_1$为16.23%，但PSP_1仅为1.6%

注：数据点坐标值保留4位小数。

四、第二产业、第三产业及三次产业聚类分析

参照对第一产业的聚类分析方法，对第二产业、第三产业及三次产业进行聚类分析，均取 $k=7$，情况如图4-8所示。再找到异常的数据点，分别如表4-9至表4-11所示。

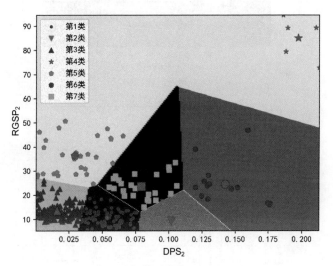

（a）第二产业，$k=7$

图4-8（一）　第二产业、第三产业的聚类分析图

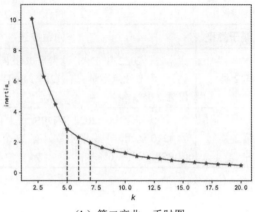

（b）第二产业，手肘图

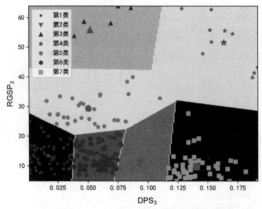

（c）第三产业，k=7

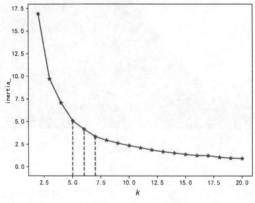

（d）第三产业，手肘图

图4-8（二） 第二产业、第三产业的聚类分析图

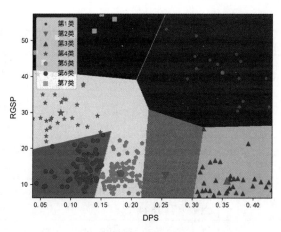

（e）三次产业，$k=7$

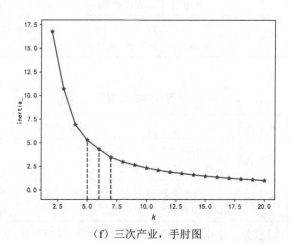

（f）三次产业，手肘图

图 4-8（三）　第二产业、第三产业的聚类分析图

表 4-9　2022 年有异常的数据点（第二产业）

数据点	属于类型	问题描述
[0.0562,43.6336]	第 5 类	浙江省，2022 年 $RGSP_2$ 过大。GDP_2 为 33205 亿元，但专业点数只有 761 个
[0.2107,89.4111]	第 4 类	西藏自治区，DPS_2 过大且 $RGSP_2$ 过大。GDP_2 为 805 亿元，但专业点数仅有 9 个。$PGDP_2$ 为 37.73%，但 PSP_2 仅为 16.67%
[0.0654,44.5852]	第 5 类	上海市，2022 年 $RGSP_2$ 过大。GDP_2 为 11458 亿元，但专业点数只有 257 个

数据点	属于类型	问题描述
[0.1517,23.1453]	第 6 类	山西省，2022 年 DPS_2 过大。GDP_2 为 13841 亿元，专业点数为 598 个。$PGDP_2$ 为 53.98%，但 PSP_2 仅为 38.81%
[0.1294,18.4143]	第 6 类	宁夏回族自治区，2022 年 DPS_2 过大。GDP_2 为 2449 亿元，专业点数为 133 个。$PGDP_2$ 为 48.31%，但 PSP_2 仅为 35.37%
[0.0335,36.2678]	第 5 类	江苏省，2022 年 $RGSP_2$ 过大。GDP_2 为 55889 亿元，但专业点数只有 1541 个
[0.0381,28.6570]	第 5 类	广东省，2022 年 $RGSP_2$ 过大。GDP_2 为 52844 亿元，但专业点数只有 1844 个
[0.1003,30.4717]	第 6 类	福建省，2022 年 DPS_2 过大。GDP_2 为 25078 亿元，专业点数为 823 个。$PGDP_2$ 为 47.22%，但 PSP_2 仅为 37.19%
[0.1298,28.2269]	第 6 类	北京市，2022 年 DPS_2 过大。GDP_2 为 6605 亿元，专业点数为 234 个。$PGDP_2$ 为 15.87%，但 PSP_2 为 28.85%

表 4-10　2022 年有异常的数据点（第三产业）

数据点	属于类型	问题描述
[0.1424,11.8225]	第 7 类	云南省，2022 年 DPS_3 过大。GDP_3 为 14471 亿元，专业点数为 1224 个。$PGDP_3$ 为 49.98%，但 PSP_3 为 64.22%
[0.0858,63.2837]	第 3 类	上海市，2022 年 $RGSP_3$ 过大。GDP_3 为 33097 亿元，但专业点数只有 523 个
[0.1689,11.7675]	第 7 类	山西省，2022 年 DPS_3 过大。GDP_3 为 10461 亿元，专业点数为 889 个。$PGDP_3$ 为 40.8%，但 PSP_3 为 57.69%
[0.1309,12.7457]	第 7 类	青海省，2022 年 DPS_3 过大。GDP_3 为 1644 亿元，专业点数为 129 个。$PGDP_3$ 为 45.54%，但 PSP_3 为 58.64%
[0.1566,9.9238]	第 7 类	宁夏回族自治区，2022 年 DPS_3 过大。GDP_3 为 2213 亿元，专业点数为 223 个。$PGDP_3$ 为 43.65%，但 PSP_3 为 59.31%
[0.1731,11.4078]	第 7 类	内蒙古自治区，2022 年 DPS_3 过大。GDP_3 为 9263 亿元，专业点数为 812 个。$PGDP_3$ 为 40.0%，但 PSP_3 为 57.3%
[0.1506,9.3155]	第 7 类	海南省，2022 年 DPS_3 过大。GDP_3 为 4090 亿元，专业点数为 439 个。$PGDP_3$ 为 59.98%，但 PSP_3 为 75.04%
[0.1288,10.4157]	第 7 类	广西壮族自治区，2022 年 DPS_3 过大。GDP_3 为 13093 亿元，专业点数为 1257 个。$PGDP_3$ 为 49.78%，但 PSP_3 仅为 62.66%

续表

数据点	属于类型	问题描述
[0.1383,18.5405]	第 7 类	福建省，2022 年 DPS_3 过大。GDP_3 为 24956 亿元，专业点数为 1346 个。$PGDP_3$ 为 46.99%，但 PSP_3 为 60.82%
[0.1530,62.7595]	第 4 类	北京市，DPS_3 过大且 $RGSP_3$ 过大。GDP_3 为 34894 亿元，但专业点数仅为 556 个。$PGDP_3$ 为 83.86%，但 PSP_3 仅为 68.56%

表 4-11　2022 年有异常的数据点（三次产业）

数据点	属于类型	问题描述
[0.4213,39.4926]	第 1 类	西藏自治区，DPS 过大且 RGSP 过大。三次产业 GDP 为 2133 亿元，专业点数为 54 个
[0.1717,55.9559]	第 7 类	上海市，2022 年 RGSP 过大。三次产业 GDP 为 44653 亿元，专业点数为 798 个
[0.3379,16.6402]	第 3 类	山西省，2022 年 DPS 过大。三次产业 GDP 为 25643 亿元，专业点数为 1541 个
[0.3461,16.3435]	第 3 类	内蒙古自治区，2022 年 DPS 过大。三次产业 GDP 为 23159 亿元，专业点数为 1417 个
[0.3193,10.3996]	第 3 类	黑龙江省，2022 年 DPS 过大。三次产业 GDP 为 15901 亿元，专业点数为 1529 个
[0.3749,11.6550]	第 3 类	海南省，2022 年 DPS 过大。三次产业 GDP 为 6818 亿元，专业点数为 585 个
[0.3060,51.3083]	第 1 类	北京市，DPS 过大且 RGSP 过大。三次产业 GDP 为 41611 亿元，专业点数为 811 个

第五节　用技术实现本章的数据分析过程

本节讲述 2 个实现细节：一是实现 GDP 与高职专业点数线性关系示意图；二是实现结构占比偏差和经专数据比分析。

一、实现 GDP 与高职专业点数线性关系示意图

图 4-2（a）和（b）是 2 个不同的图形，前者只有 2 条曲线，后者有 3 条曲线，不同的曲线量纲有所不同。如何实现 GDP 与高职专业点数线性关系示意图？同样需要先分析 SQL 语句，再用 Python 实现。

（一）SQL 查询

得到历年的专业点数及其增长率。需先用 SQL 语句得到历年的专业点数，语句如下：

```
select convert(int,memyear) as memyearint,count(*) from speciality
    group by memyear order by memyear asc
```

此后，可利用 Python 程序计算出增长率。学校的数量及增长率可采用类似的方法得到。GDP 的增长率可在互联网上查找 GDP 数据后，在 Excel 中计算得到。得到的数据表如图 4-9 所示。

	A	B	C	D
1	年度/年	GDP/亿元	学校数量/所	专业点数/个
2	2013	568845	1850	47619
3	2014	636463	1848	49179
4	2015	676708	1858	47077
5	2016	744127	1897	50810
6	2017	827122	1903	52901
7	2018	900309	1888	54840
8	2019	990865	1902	57787
9	2020	1015986	1909	59534
10	2021	1143670	1933	62024
11	2022	1210207	1907	64038

图 4-9　GDP、学校、专业点数数据表

（二）实现图 4-2（a）的 Python 程序

Python 程序代码如下：

```
#导入要用到的类
from speciality.common.db import DbOperation
import pandas as pd
```

```
import numpy as np
import matplotlib.pyplot as plt
from matplotlib.ticker import FuncFormatter
from pylab import mpl
mpl.rcParams['font.sans-serif'] = ['SimHei'] #指定默认字体
plt.rcParams['axes.unicode_minus'] = False #解决负号显示问题

#==得到各年专业点数和增长率==
sql="select convert(int,memyear) as memyearint,count(*) \
from speciality group by memyear order by memyear asc"
dbo = DbOperation()
df = pd.read_sql(sql, con=dbo.connection) #执行 SQL 语句
npdata_speciality= np.array(df)

x_ten_year=npdata_speciality[:,0] #2013—2022 年
y_speciality_count=npdata_speciality[:,1] #专业点数
x_nine_year=x_ten_year[1:] #2014—2022 年
#专业点数增长率
y_speciality_add_rate=(y_speciality_count[1:] - \
y_speciality_count[:-1])/y_speciality_count[:-1]

#==得到 GDP 和增长率==
path=r'D:\校务工作\22 上\科研\全国教规\研究\pic\data.xlsx'
df =pd.read_excel(path,sheet_name='Sheet2')
npdata_gdp= np.array(df)
npdata_gdp=npdata_gdp[2:,:5]
y_gdp_add_rate=(npdata_gdp[1:,2]-npdata_gdp[:-1,2])\
    /npdata_gdp[:-1,2] #GDP 增长率

#==画专业点数与 GDP 图==
fig, ax1 = plt.subplots()
ax1.plot(x_ten_year,y_speciality_count,c='red',\
    label='专业点数',marker=".")
ax2 = ax1.twinx()
ax2.plot(x_ten_year,npdata_gdp[:,2],c='green',\
    label='GDP',marker="x")
ax1.legend(loc = [0.1, 0.9])
ax2.legend(loc = [0.1, 0.83])
```

```
ax1.set_xlabel('年份/年')
ax1.set_ylabel('全国高职专业点数/个')
ax2.set_ylabel('全国 GDP/百万亿元')
#保存图片
plt.savefig('.../pic/allpointsAndGDP.jpg',\
    dpi = 500,bbox_inches = 'tight')
```

（三）实现图 4-2（b）的 Python 程序

Python 程序代码如下：

```
#导入要用到的类
from speciality.common.db import DbOperation
import pandas as pd
import numpy as np
import matplotlib.pyplot as plt
from matplotlib.ticker import FuncFormatter
from pylab import mpl
from mpl_toolkits.axisartist.parasite_axes \
import HostAxes, ParasiteAxes
mpl.rcParams['font.sans-serif'] = ['SimHei'] #指定默认字体
plt.rcParams['axes.unicode_minus'] = False #解决负号显示问题

#==得到各年专业点数和增长率==
sql="select convert(int,memyear) as memyearint,count(*) \
from speciality group by memyear order by memyear asc"
dbo = DbOperation()
df = pd.read_sql(sql, con=dbo.connection)
npdata_speciality= np.array(df)

x_ten_year=npdata_speciality[:,0] #2013—2022 年
y_speciality_count=npdata_speciality[:,1] #专业点数

#==得到 GDP 和学校数量的增长率==
path=r'D:\校务工作\22 上\科研\全国教规\研究\pic\data.xlsx'
df =pd.read_excel(path,sheet_name='Sheet2')
npdata_gdp= np.array(df)
npdata_gdp=npdata_gdp[:,:5]
y_gdp_add_rate=(npdata_gdp[1:,2]-npdata_gdp[:-1,2])\
    /npdata_gdp[:-1,2] #GDP 增长率
```

```
y_school_add_rate=(npdata_gdp[1:,3]-npdata_gdp[:-1:,3])\
    /npdata_gdp[:-1:,3] #学校数量增长率


#==创建图和轴==
fig = plt.figure(1) #定义 figure
#用[left, bottom, weight, height]的方式定义 axes，0 <= l,b,w,h <= 1
ax_speciality=HostAxes(fig, [0, 0, 0.9, 0.9])
#增加右边的纵轴，共享左边纵轴
ax_gdp=ParasiteAxes(ax_speciality,sharex=ax_speciality)
ax_school=ParasiteAxes(ax_speciality,sharex=ax_speciality)
ax_speciality.parasites.append(ax_gdp)
ax_speciality.parasites.append(ax_school)
#让 ax_speciality 右边和顶上、其他图右边的轴可见的轴不可见
ax_speciality.axis['right'].set_visible(False)
ax_speciality.axis['top'].set_visible(False)
ax_gdp.axis['right'].set_visible(True)
ax_gdp.axis['right'].major_ticklabels.set_visible(True)
ax_gdp.axis['right'].label.set_visible(True)
#设置轴标签
ax_speciality.set_xlabel('年份/年')
ax_speciality.set_ylabel('全国高职专业点数/个')
ax_gdp.set_ylabel('全国 GDP/百万亿元')
ax_school.set_ylabel('全国高职学校数量/所')
#增加右边的轴
school_axisline = ax_school.get_grid_helper().new_fixed_axis
ax_school.axis['right2'] = school_axisline(loc='right', axes=ax_school,\
    offset=(40,0))
fig.add_axes(ax_speciality)


#==画专业点数、GDP、学校数量图==
ax_speciality.plot(x_ten_year,y_speciality_count,c='black',\
    label='全国高职专业点数',marker=".")
ax_gdp.plot(x_ten_year,npdata_gdp[:,1],c='red',\
    label='全国 GDP',marker="x",ls="--")
ax_school.plot(x_ten_year,npdata_gdp[:,2],c='green',\
    label='全国高职学校数量',marker="*",ls=":")
ax_speciality.legend()
#设置轴名称、刻度值的颜色
```

```
ax_gdp.axis['right'].label.set_color('red')
ax_school.axis['right2'].label.set_color('green')
ax_gdp.axis['right'].major_ticks.set_color('red')
ax_school.axis['right2'].major_ticks.set_color('green')
ax_gdp.axis['right'].major_ticklabels.set_color('red')
ax_school.axis['right2'].major_ticklabels.set_color('green')
ax_gdp.axis['right'].line.set_color('red')
ax_school.axis['right2'].line.set_color('green')
#保存图片
plt.savefig('.../pic/allpointsAndGDPRate.jpg',\
        dpi = 500,bbox_inches = 'tight')
plt.show()
```

二、实现结构占比偏差和经专数据比分析

图 4-3 的 2 个子图和图 4-4 的 2 个子图不同：一个是用折线图；另一个是用柱状图。首先要有数据，再用 Python 制图。

（一）分析的数据

数据分析的过程前文已述，这里假定已得到数据如图 4-10 所示。

G	H 第一产业占比	I 第二产业占比	J 第三产业占比	K 第一产业专业点数占比	L 第二产业专业点数占比	M 第三产业专业点数占比	N 第一产业结构占比偏差	O 第二产业结构占比偏差	P 第三产业结构占比偏差	Q 结构占比偏差	R 第一产业经专数量比	S 第一产业经专数量比	T 第一产业经专数量比	U 经专数量比
2022年	7.33	39.95	52.71	2.65	39.04	58.3	4.68	0.91	5.59	11.18	51.98	19.23	16.99	18.79
2021年	7.28	39.31	53.41	2.55	39.08	58.37	4.73	0.23	4.96	9.92	52.54	18.53	16.85	18.42
2020年	7.73	37.91	54.36	2.47	40.76	56.78	5.26	2.85	2.42	10.53	53.15	15.78	16.24	16.96
2019年	7.17	38.85	53.98	2.49	41.05	56.46	4.68	2.2	2.48	9.36	48.94	16.09	16.25	17
2018年	7.08	39.79	53.13	2.5	41.11	56.39	4.58	1.32	3.26	9.16	47.16	16.14	15.7	16.67
2017年	7.46	40.58	51.96	2.52	40.97	56.51	4.94	0.39	4.55	9.88	46.55	15.58	14.46	15.73
2016年	8.01	41.33	50.66	2.52	41.16	56.33	5.49	0.17	5.67	11.33	47.07	14.84	13.29	14.78
2015年	8.33	43	48.67	2.68	44.42	52.9	5.65	1.42	4.23	11.3	45.74	14.27	13.56	14.73
2014年	8.58	44.96	46.46	2.74	44.49	52.76	5.84	0.47	6.3	12.61	41.24	13.32	11.61	13.18
2013年	8.85	45.81	45.34	2.74	44.45	52.81	6.11	1.36	7.47	14.94	40.62	12.94	10.78	12.56

图 4-10　经分析得到的数据

注：图中 H～Q 列单位为%，R～U 列无单位。

（二）实现图 4-4 的 2 个子图

Python 程序代码如下：

```
#导入要用到的类
import pandas as pd
import numpy as np
```

```
import matplotlib.pyplot as plt
from pylab import mpl
mpl.rcParams['font.sans-serif'] = ['SimHei'] #指定默认字体

#==得到统计数据==
path=r'D:\校务工作\22 上\科研\全国教规\研究\十年变化\tempdata.xlsx'
df =pd.read_excel(path,sheet_name='Sheet1')
npdata= np.array(df)
npdata=npdata[0:10,13:21]
npdata=np.array(npdata)

#==作图：结构占比偏差：折线图==
plt.plot(range(2013,2023),np.flip(npdata[:,0],axis=0),marker=".",\
    label=r"$DPS_1$")
plt.plot(range(2013,2023),np.flip(npdata[:,1],axis=0),marker="*",\
    label=r"$DPS_2$")
plt.plot(range(2013,2023),np.flip(npdata[:,2],axis=0),marker="s",\
    label=r"$DPS_3$")
plt.plot(range(2013,2023),np.flip(npdata[:,3],axis=0),marker="p",\
    label=r"$DPS$")
plt.xlabel("年份")
plt.ylabel(r"$DPS$")
plt.legend()
plt.savefig('.../pic/structRate.jpg',\
    dpi = 500,bbox_inches = 'tight')

plt.clf()
#==作图：结构占比偏差：堆积折线图==
labels=[r"$DPS_1$",r"$DPS_2$",r"$DPS_3$"]
colors=['red','green','blue']
plt.stackplot(range(2013,2023),\
    np.array(np.flip(npdata[:,0],axis=0),dtype='float'),\
    np.array(np.flip(npdata[:,1],axis=0),dtype='float'),\
    np.array(np.flip(npdata[:,2],axis=0),dtype='float'),\
    labels=labels,colors=colors)
plt.xlabel("年份")
```

```
plt.ylabel(r"$DPS$")
plt.legend()
plt.savefig('.../pic/structRateAll.jpg',\
    dpi = 500,bbox_inches = 'tight')


plt.clf()
#==作图：经专数量比：折线图==
plt.plot(range(2013,2023),np.flip(npdata[:,4],axis=0),marker=".",\
    label=r"$RGSP_1$")
plt.plot(range(2013,2023),np.flip(npdata[:,5],axis=0),marker="*",\
    label=r"$RGSP_2$")
plt.plot(range(2013,2023),np.flip(npdata[:,6],axis=0),marker="s",\
    label=r"$RGSP_3$")
plt.plot(range(2013,2023),np.flip(npdata[:,7],axis=0),marker="p",\
    label=r"$RGSP$")
plt.xlabel("年份")
plt.ylabel(r"$RGSP$")
plt.legend()
plt.savefig('.../pic/structRate1.jpg',\
    dpi = 500,bbox_inches = 'tight')


plt.clf()
#==作图：经专数量比：柱状图==
plt.bar(range(2013,2023),np.flip(npdata[:,4],axis=0),0.2,label=r"$RGSP_1$")
plt.bar(np.array(range(2013,2023))+0.2,np.flip(npdata[:,5],axis=0),0.2,\
    label=r"$RGSP_2$")
plt.bar(np.array(range(2013,2023))+0.4,np.flip(npdata[:,6],axis=0),0.2,\
    label=r"$RGSP_3$")
plt.bar(np.array(range(2013,2023))+0.6,np.flip(npdata[:,7],axis=0),0.2,\
    label=r"$RGSP$")
plt.xlabel("年份")
plt.ylabel(r"$RGSP$")
plt.legend()
plt.savefig('.../pic/structRate1Bar.jpg',\
    dpi = 500,bbox_inches = 'tight')
```

本 章 小 结

根据对全国的 DPS、RGSP 分析结果发现，主要的问题是 DPS_1 较大，2022 年为 4.68%。第一产业专业点的开设数量明显较少，PSP_1 仅为 2.65%。$RGSP_1$ 明显偏大，2022 年为 51.98，明显高于第二产业、第三产业。这些现象表明第一产业专业点数由于较少而不适应经济发展需求。因此，应在全国加快和加大对第一产业专业点的布局。与此同时，根据 DPS_3 数据，总体上全国专业点的布局略快于经济发展需求。

根据上述对三次产业的聚类分析结果，主要问题和调整建议如表 4-12 所示。

表 4-12　对三次产业作聚类分析后得出的主要问题和调整建议

主要问题	省（自治区、直辖市）	调整建议
第一产业专业点过少	天津市、黑龙江省、海南省、广西壮族自治区	积极布局第一产业专业点
第二产业专业点过少	浙江省、西藏自治区、上海市、山西省、宁夏回族自治区、江苏省、广东省、福建省	积极布局第二产业专业点
第二产业专业点偏多	北京市	控制和减少第二产业专业点
第三产业专业点过少	上海市、北京市	积极布局第三产业专业点
第三产业专业点过多	云南省、山西省、青海省、宁夏回族自治区、内蒙古自治区、海南省、广西壮族自治区、福建省	控制和减少第三产业专业点
高职专业点总体上过少	西藏自治区、上海市、北京市	积极布局高职专业点
专业结构总体上问题突出	山西省、内蒙古自治区、黑龙江省、海南省、北京市	按上述第一产业、第二产业、第三产业描述的问题对应进行调整

本章的研究尚存在一定的局限性，需要改进之处如下：

（1）未考虑经济地理因素。在分析各省份数据时，未将周边省份、所在经济体按地缘关系进行数据预处理。下一步的研究可考虑按一定的系数将周边省份、同一经济体其他省份的 GDP、专业点数计入，优化计算公式。

（2）数据维度仅存在二维。进行指标评价和聚类分析时，仅使用了 DPS 和 RGSP 2 个维度，且这两维数据为比值或比值的累加，对 GDP、专业点数的数值缺乏体现。下一步的研究可提出更多的评价指标作为特征数据项，采用多维数据进行聚类分析。

（3）聚类算法有一定的局限性。这种局限性体现在 3 个方面。一是采用的方法为半自动的方法，需要先找到合适的 k 值，再行聚类。下一步的研究可编制程序实现自动最优化寻找 k 值和聚类。二是聚类分析具有相对性，即在分析各次产业时均是相对该产业找出异常数据点。下一步的研究可尝试采用密度聚类、层次聚类等算法，再作对比分析。三是数据的精准分析还有困难，主要是对 $RGSP_1$、$RGSP_2$、$RGSP_3$ 的范围缺乏研究，暂时无法研判专业结构与产业结构相适应的控制区间。下一步可针对各次产业作 RGSP 的专门研究。

本章参考文献

[1] 崔志钰，陈鹏，倪娟. 我国职业教育政策制定的基本逻辑、现实问题与对策建议[J]. 西南大学学报（社会科学版），2023，49（3）：167-177.

[2] 谢清，秦惠民. 论职业教育、高等教育和继续教育协同创新：基于人口宏观形势的视角[J]. 中国人民大学教育学刊，2023（3）：1-8+181.

[3] 王保华，谷俊明. 职业教育适应性：内涵、困境与发展理路：基于同步激励理论的分析[J]. 国家教育行政学院学报，2022（11）：29-39.

[4] 李北伟，贾新华. 基于产业转型升级的高职院校专业设置优化策略研究：以广东省为例[J]. 中国高教研究，2019（5）：104-108.

[5] 麻灵. 高等职业教育专业结构与产业结构的匹配度研究：以重庆市"十三五"时期为例[J]. 中国职业技术教育，2022（16）：45-50+82.

[6] 李红. 构建"四链互通"产教融合新框架增强职业教育适应性[J]. 中国高等教育，2022（19）：59-61.

[7] 房风文，张喜才. 我国高等职业教育与经济发展的匹配性分析[J]. 江苏高教，2019（6）：99-104.

[8] 刘晓，钱鉴楠. 职业教育专业建设与产业发展：匹配逻辑与理论框架[J]. 高等工程教育研究，2020（2）：142-147.

[9] 胡立峰，夏冬梅，程千. 高等继续教育专业社会适应性评估指标体系构建研究：以国家开放大学为例[J]. 中国远程教育，2021（6）：68-75.

[10] 王志强，李盛兵. 产业转型视角下本科院校学科专业结构优化探析：以广东为例[J]. 高等工程教育研究，2018（3）：105-110.

[11] 贺祖斌，雷蕾. 广西高校专业设置与珠江—西江经济带发展的适应性分析[J]. 广西社会科学，2017（3）：22-24.

[12] 郭建如，邓峰. 高等教育学科结构与产业结构的适配性研究：基于高校毕业生学用匹配及就业质量的视角[J]. 河北大学学报（哲学社会科学版），2023，48（1）：112-122.

[13] 张明广，茹宁. 产业转型升级背景下高校毕业生就业的供需匹配研究[J]. 高教探索，2020（9）：114-122.

[14] 伍百军. 供给侧改革语境下高职院校专业设置与产业结构耦合协调研究：以云浮市为案例[J]. 中国职业技术教育，2019（11）：53-57+68.

[15] 曾升科，李晗，胡希翼. 职业教育与经济发展适应性评价体系研究[J]. 中国职业技术教育，2023（6）：58-64.

[16] 任聪敏. 高等职业教育专业结构与产业结构适应性研究[D]. 上海：华东师范大学博士学位论文，2019：36.

[17] 刘志民，胡顺顺，张松，等．高等教育结构与产业结构匹配吗？：以高等农业教育为例[J]．高等工程教育研究，2019（1）：114-120．

[18] 周金堂．高校专业设置与人才培养、市场需求相关度研究：以江西省本科高校为例[J]．教育学术月刊，2018（1）：35-47．

[19] 岳昌君．高等教育结构与产业结构的关系研究[J]．中国高教研究，2017（7）：31-36．

[20] 邹吉权，刘斌．邢清华．我国高职专业结构与产业结构协调性实证研究[J]．职业技术教育，2018，39（22）：40-45．

[21] 潘海燕，杨璇．基于产业结构演进的高职专业结构与区域产业结构适配性研究：以湖南省为例[J]，职业技术教育．2023，44（2）：12-17．

[22] 赵竟楠．产业转型背景下我国高职人才供给结构经济适应性研究[J]．广西社会科学，2022（12）：164-172．

[23] 吴凡，苏佳琳．高质量发展视角下广西人才结构与产业结构匹配性研究[J]．广西社会科学，2020（7）：74-79．

[24] 徐旦．基于产业结构的高职专业结构分析及调整对策研究：以浙江省为例[J]．职业技术教育，2022，43（17）：29-34．

[25] 史少杰．新业态视域下专业与职业的互动：以职业教育新版专业目录为例[J]．中国职业技术教育，2023（9）：28-35．

[26] 邓子云．深入机器学习[M]．北京：中国水利水电出版社，2023．

[27] 徐岩，郭晓燕，荣磊磊．无监督学习的车辆重识别方法研究综述[J]．计算机科学与探索，2023，17（5）：1017-1037．

第五章 高职专科专业自然撤销预警名录预测研究

为预测出 2024 年高职专科专业自然撤销专业名录用以预警，本书前述已采集了 2013—2023 年共计 11 年的全国高职专业点数据。本章将按照"界定专业术语、准备样本数据、找出最优模型、使用最优模型并分析预警专业"4 个步骤展开研究。

本章将专业撤销分为调整撤销和自然撤销，为此共准备了 63 个正例数据样本和 732 个反例数据样本。本章将使用支持向量机（Support Vector Machine，SVM）、K 近邻（K-Nearest Neighbor，KNN）、决策树（Decision Tree，DT）、贝叶斯四种模型分别找到并建立具有最优参数的模型。

经本章对实验结果进行比较分析后，选择了参数 n_neighbors 值为 2、weights 值为 uniform 的 KNN 模型作为最优的机器学习模型。该模型针对训练数据样本和测试数据的准确率评价指标分别为 1.00 和 0.99，具有比其他三种最优参数的模型更强的泛化能力。

研究预测出炭材料工程技术、数字媒体设备应用与管理、涂装防护技术、作曲技术、香料香精技术与工艺、朝医学、藏药学等 7 个专业为 2024 年自然撤销专业。根据本书第三章的内容，实际上 2024 年自然撤消的专业为数字媒体设备应用与管理、作曲技术、皮革加工技术、国际贸易服务。该研究准确地预测出了自然撤消的 2 个专业，可见预测可以起到预警作用。

第一节 说明本章的研究思路与相关研究

研究高职专科专业撤销现象，对教育部组织编制高职专科专业目录有借鉴作用，对高等院校举办专业具有重要的指导作用，对考生及家长选择就读专业也有参考价值。每年都有一些高职专科专业被撤销，有的年份会通过修订专业目录撤销一批高职专科专业，有的年份会因不再有学校举办而自然撤销一些高职专科专业。如果能提前公布专业撤销预警名录，将能产生深远的社会影响。

一、相关研究工作

这里所指的一个专业被撤销，不仅仅是指一所学校撤销一个专业，而是特指在更大范围的全国层面一个专业已不再有学校举办。根据互联网和纸质传媒的报道，一所学校撤销一个专业经常引起广泛关注。然而从 CNKI 已有的文献来看，有关专业撤销的学术研究却是空白。究其主要原因还是研究需要掌握大量的数据，而获取数据比较困难。现在，本书作者带领的课题研究团队已经掌握了大量的专业点布局数据，具备了专业撤销研究的数据基础；而且已有所需的机器学习技术，可以用来预测即将撤销的专业名录。因此，本章借助机器学习技术研究专业撤销的现象。

二、本章的研究思路

研究思路如图 5-1 所示，将共经历 5 个步骤，说明如下。

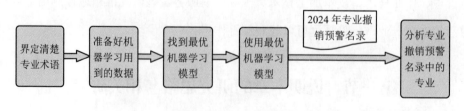

图 5-1　研究思路

（1）界定清楚要用到的专业术语。主要是调整撤销和自然撤销 2 个术语。

（2）准备好机器学习要用到的数据。首先清理出历年已经自然撤销的专业，在补足历年数据后成为正例数据样本；其次，考虑到 2022 年未自然撤销的专业名录已具有足够的数量，在补足历年数据后作为反例数据样本。

（3）找到最优的机器学习模型。本章计划运用 SVM 模型、KNN 模型、DT 模型、贝叶斯模型这 4 种机器学习模型进行对比分析，找到最优的机器学习模型。

（4）使用最优的机器学习模型。用最优的机器学习模型对 2023 年的专业进行二分法分类，得到属于 2024 年将自然撤销的专业这一正例类型的专业名录，以此作为 2024 年专业撤销预警名录。

（5）分析专业撤销预警名录中的专业。将对预警名录中每个专业的数据情况作进一步分析。

为获得高职专科专业的历年专业点数据，本书作者带领的课题研究团队编制爬虫软件从全国职业院校专业设置管理与公共信息服务平台获得了 2013—2023 年共 11 年的数据。经过补充专业调整数据、专业类型数据后，可用于支持上述 5 个步骤的研究工作。本章将根据这 5 个步骤来展开讨论，不展开讨论爬虫技术和机器学习技术，在涉及这些技术时重点讨论应用场景、数据准备、数据分析效果。

第二节　界定专业术语

下面界定后续讨论中要用到的专业术语。

一、专业撤销的 2 种现象

专业撤销有 2 种现象：第一种现象是调整撤销，调整撤销是指教育部组织进行专业目录修订后撤销专业的现象；第二种现象是自然撤销，自然撤销是指随着时间的推移，某些专业自然而然的没有学校再行举办的现象。

二、调整撤销的情况

在 2013—2023 年这 11 年中，我国的高职专科专业目录经历过 2 次重大调整。一次是在 2015 年，高职专科专业目录调整完后，于 2016 年开始使用，因此称之为 2016 版目录；另一次是在 2021 年，在这一年里，高职专科专业目录再次进行了重大调整，修订后的专业目录于当年即投入使用，因此称之为 2021 版目录。这 2 次专业目录的重大调整中有不少专业被调整撤销。其中，2016 版目录调整撤销专业 68 个，2021 版目录调整撤销专业 40 个。

三、自然撤销的情况

自然撤销的专业自某一年度始，后续年度不再有学校举办，该专业自然撤销的年份即为该年度。如某专业自 2022 年起不再有学校举办，则该专业的自然撤销年份为 2022 年。

根据专业目录调整的规律，2024 年不会做专业目录的重大调整。2013 年是数据的起始年份，2016 年、2021 年是专业目录的重大调整年份，这 3 年都不会有自然撤销的专业。根据数据分析，可得到 2014—2015 年、2017—2020 年、2022—2023 年这 8 年中自然撤销的专业名录，如表 5-1 所示。

表 5-1　自然撤销的专业

年份/年	数量／个	自然撤销的专业名称
2014	6	井下作业技术、集散控制系统应用与维护技术、棉花检验加工与经营、音乐舞蹈教育、自行车运动与推广、检察事务

续表

年份/年	数量 / 个	自然撤销的专业名称
2015	36	人造板自动化生产技术、城市渔业、都市林业资源与林政管理、航道工程技术、航空电子电气技术、生化分析检测、天然产物提取技术及应用、化纤生产技术、国土资源信息技术、数字矿山技术、瓦斯综合利用技术、核能发电技术及应用、电力客户服务与管理、核电站动力装置、农业水利工程技术、电气测控技术、数码音效设计、数据库管理与开发、电子产品质量检测、程控交换技术、救援技术、家用纺织品设计、服用材料设计与应用、食品卫生检验、服务外包、招商管理、拍卖与典当管理、苗侗康复治疗技术、社会救助、保安保卫管理、应用马来语、幼教保育、幼儿园管理、听力语言康复技术、湘绣设计与营销、钢琴伴奏
2017	1	纺织材料与应用
2018	3	蚕桑技术、渔业经济管理、印刷媒体设计与制作
2019	5	养蜂与蜂产品加工、表面精饰工艺、维医学、维药学、数字媒体设备管理
2020	8	海洋渔业技术、渔业经济管理、皮革服装制作与工艺、管道工程技术、卫生监督、民族民居装饰、出版信息管理、防火管理
2022	2	饲草生产技术、管道运输管理
2023	2	海洋渔业技术、公共关系
合计	63	—

第三节 准备样本数据

由于 2024 年不会有专业目录的重大调整，因此预测 2024 年即将撤销的专业就是预测 2024 年即将自然撤销的专业。首先，要找出曾被自然撤销的专业，再补足年份数据作为正例数据样本；其次，可以用 2022 年度所有举办的专业在去除自然撤销的专业后，以其历年专业点数据作为反例数据样本。

一、正例数据样本

根据表 5-1，在计算出自然撤销专业历年的专业点数后，可画出每个专业的历年变迁过程。

（1）专业分析的示例。以海洋渔业技术专业为例，变迁过程如图 5-2 所示。在 2016 版目录中，海洋捕捞技术专业更名为海洋渔业技术专业，但专业点数由 2013 年的 13 个减少到了 2016 年的 1 个，此后点数一直在 0、1、2 之间徘徊，2020 年曾一度无校举办。

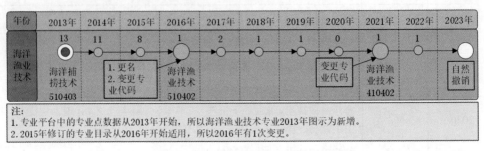

图 5-2 海洋渔业技术的变迁过程

（2）补足数据的办法。制作上述 63 个自然撤销专业历年的专业点数折线图，如图 5-3（a）所示。从图中可见，绝大部分自然撤销专业历年的专业点数很少，仅个别专业从 10 个以上逐年下降到 0 个。另外，自然撤销的专业在接近自然撤销年份的几年时，专业点数就已经很少。为了让这些专业历年的专业点数可以作为正例样本数据，需要补足数据，补充的方法如图 5-4 所示。补充数据后的 63 个自然撤销专业的专业点数变化如图 5-3（b）所示。从图 5-4 中可见，为了弥补正例数据样本的不足，把 2014—2015 年、2017—2020 年、2021—2022 年自然撤销的专业都补足数据后视为 2024 年自然撤销的专业。据此，可得到一个 63×11（63 行 11 列）的二维数据矩阵作为正例样本数据。

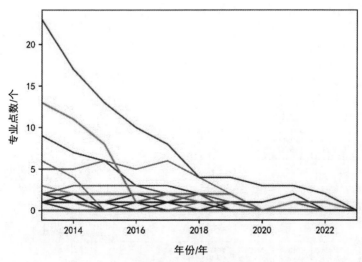

（a）自然撤销专业历年的专业点数

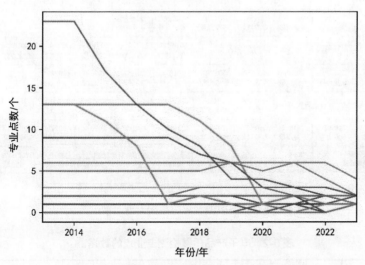

（b）补充数据后的自然撤销专业历年的专业点数

图 5-3 自然撤销专业的点数变化图

（3）补足数据的示例。以电子产品质量检测专业为例，该专业于 2015 年自然撤销，按图 5-4 所示的规律，则真实的专业点数据、补充数据后的专业点数据如表 5-2 所示。

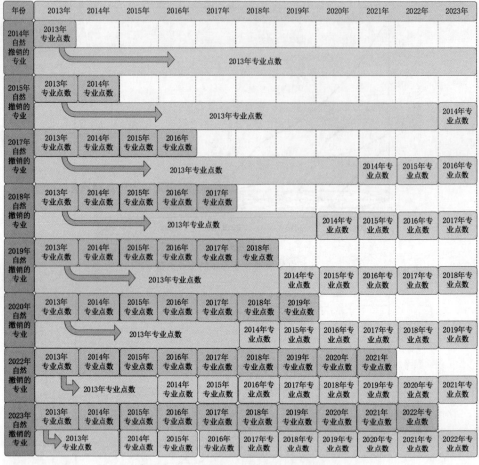

图 5-4   补充自然撤销专业历年的专业点数的方法

表 5-2   电子产品质量检测专业点的数据

年份/年	2013	2014	2015	2016	2017	2018	2019	2020	2021	2022	2023
真实点数/个	6	4	0	0	0	0	0	0	0	0	0
补充后点数/个	6	6	6	6	6	6	6	6	6	6	4

二、反例数据样本

以 2023 年未自然撤销专业的历年点数数据作为反例数据样本。同样，需补充数据，将补充后的数据视为 2024 年未自然撤销专业的数据。补充的方法如图 5-5 所示。

年份	2013年	2014年	2015年	2016年	2017年	2018年	2019年	2020年	2021年	2022年	2023年
2023年未撤销的专业	2013年专业点数	2014年专业点数	2015年专业点数	2016年专业点数	2017年专业点数	2018年专业点数	2019年专业点数	2020年专业点数	2021年专业点数	2022年专业点数	
	2013年专业点数	2014年专业点数	2015年专业点数	2016年专业点数	2017年专业点数	2018年专业点数	2019年专业点数	2020年专业点数	2021年专业点数	2022年专业点数	

图 5-5　补充 2022 年未撤销专业历年的专业点数的方法

第四节　找到最优的机器学习模型

为了寻找最优的机器学习模型，对 SVM 模型、KNN 模型、DT 模型、贝叶斯模型 4 种模型进行比较。考虑到 4 种模型已经够用、降低模型的复杂程度、涉及的样本数据不超过 1000 个等原因，本章不打算使用深度学习模型。

一、开发工具说明

本书作者带领的研究团队使用 Python 语言及 scikit-learn 库中的机器学习模型。SVM 模型对应使用 sklearn.svm.SVC 类、KNN 模型对应使用 sklearn.neighbors.KNeighborsClassifier 类、DT 模型对应使用 sklearn.tree.DecisionTreeClassifier 类、贝叶斯模型对应使用 sklearn.naive_bayes.GaussianNB 类。此外，还使用了 sklearn.model_selection.GridSearchCV 工具作为模型参数的最优化搜索工具。

二、样本数据划分

按图 5-4 和图 5-5 的方法，补足专业历年的专业点数后，可得到一个 795×11 的数据矩阵，其中正例（即自然撤销专业）数据样本 63 个，反例（即未自然撤销专业）数据样本 732 个。取 20% 的数据样本作为测试数据，80% 的数据样本作为训练数据；采用 5 折交叉验证法用 GridSearchCV 搜索模型最好的参数值。

三、找到最优机器学习模型的过程

找到最优机器学习模型的过程如图 5-6 所示。贝叶斯模型由于没有参数需要设置，不必使用 GridSearchCV 工具来搜索参数。

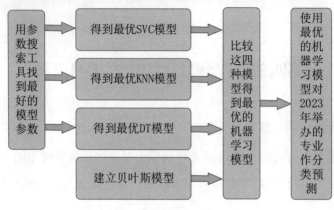

图 5-6　寻找最优模型的过程

四、4 种模型的对比分析

（1）训练中模型的表现比较。根据实验结果得到训练后的最优 SVC 模型、最优 KNN 模型、最优 DT 模型、贝叶斯模型参数如表 5-3 所示。用表 5-3 所示的指标来对 4 种模型中的最优模型再进一步评判。首先看准确率指标。最优 DT 模型比最优 KNN 模型仅略高 0.01，因此可从最优 KNN 模型和最优 DT 模型中进一步选择。再看其他指标。从 f1 分数及对未自然撤销专业的评价指标值来看，两种模型的评价指标值比较接近；从对自然撤销专业的评价指标值来看，最优 DT 模型的查准率、查全率、f1 分数 3 项指标综合看起来明显更优。因此，从训练数据的表现来看，最优 DT 模型表现更佳，但仅比最优 KNN 模型稍好。

表 5-3　模型及其评价指标值

模型	最优参数	用训练数据得到的评价指标值						
		准确率	对未自然撤销专业			对自然撤销专业		
			查准率	查全率	f1 分数	查准率	查全率	f1 分数
最优 SVC 模型	C=19，gamma=20（参数范围：C 为 1-20；gamma 为 1-20）	0.97	0.99	0.98	0.98	0.76	0.88	0.81
最优 KNN 模型	n_neighbors=2, weights='uniform'（参数范围：n_neighbors 为 1-20；weights 为'uniform'和'distance'）	0.99	0.98	1.00	0.99	1.00	0.82	0.90
最优 DT 模型	'max_depth': 10, 'min_samples_leaf': 1, 'min_samples_split': 2（参数范围：max_depth 为 4-9；min_samples_leaf 为 2-4；min_samples_spli 为 1-3）	1.00	1.00	1.00	1.00	1.00	0.98	0.99
贝叶斯模型	—	0.88	1.00	0.87	0.93	0.39	0.96	0.55

（2）模型的泛化能力比较。考虑到最优 KNN 模型、最优 DT 模型在训练数据上的表现相对接近，继续对这 2 个模型进行对比分析。用测试数据得到 2 个模型的评价指标值，如表 5-4 所示。根据表 5-4 中的各个评价指标作评判。最优 KNN 模型的准确率指标值更好。对未自然撤销专业和自然撤销专业的各项评价指标值均表明最优 KNN 模型更优。因此，最优 KNN 模型具有更好的泛化能力。

表 5-4　2 个模型的评价指标值

模型	用测试数据得到的评价指标值						
	准确率	对未自然撤销专业			对自然撤销专业		
		查准率	查全率	f1 分数	查准率	查全率	f1 分数
最优 KNN 模型	0.99	0.99	0.99	0.99	0.92	0.92	0.92
最优 DT 模型	0.96	0.99	0.97	0.98	0.73	0.85	0.79

（3）模型的 t-NSE 图比较。用 t-NSE 图可以看出多维数据在二维空间中表现出的分类效果。最优 KNN 模型和最优 DT 模型的 t-NSE 图，如图 5-7 所示。2 种模型的分类效果非常明显，自然撤销专业绝大部分聚集在一起，但也有少量自然撤销专业的数据点有离群现象。

总体而言，最优 KNN 模型的拟合度稍逊于最优 DT 模型，但是最优 KNN 模型的泛化能力明显优于最优 DT 模型，故选择最优 KNN 模型作为最优的机器学习模型。

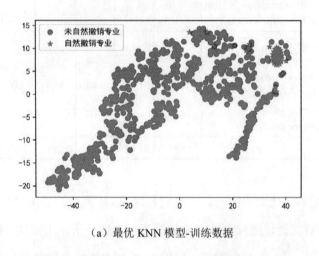

（a）最优 KNN 模型-训练数据

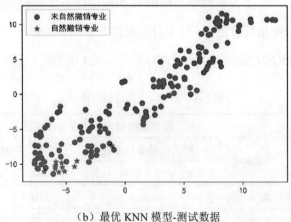

（b）最优 KNN 模型-测试数据

图 5-7（一）　建模时最优 KNN 模型和最优 DT 模型的 t-NSE 图

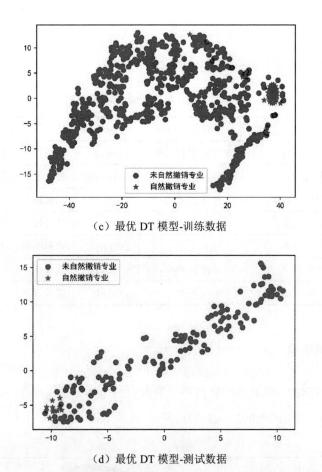

（c）最优 DT 模型-训练数据

（d）最优 DT 模型-测试数据

图 5-7（二）　建模时最优 KNN 模型和最优 DT 模型的 t-NSE 图

第五节　使用最优的机器学习模型

使用最优 KNN 模型以 2023 年举办的专业历年的专业点数据为基础，进行二分法分类，预测出 2024 年将自然撤销的专业，作为 2024 年专业撤销预警名录。

一、t-NSE 图

制作 t-NSE 图，如图 5-8（a）所示。根据图 5-8（a）中的分布情况，使用最优 KNN 模型预测出的 2024 年自然撤销专业数据点比较集中。预测出来的 2024 年即将自然撤销专业名录如表 5-5 所示。

表 5-5　2024 年专业撤销预警名录

序号	专业大类	专业二级类	专业代码	专业名称
1	能源动力与材料大类	非金属材料类	430608	炭材料工程技术
2	新闻传播大类	新闻出版类	560106	数字媒体设备应用与管理
3	生物与化工大类	化工技术类	470212	涂装防护技术
4	文化艺术大类	表演艺术类	550219	作曲技术
5	轻工纺织大类	轻化工类	480110	香料香精技术与工艺
6	医药卫生大类	中医药类	520409K	朝医学
7	医药卫生大类	中医药类	520413	藏药学

二、预测结果

分析预测出的 2024 年即将自然撤销专业的历年点数，如图 5-8（b）所示，可见这些专业的历年点数从未超过 4 个。

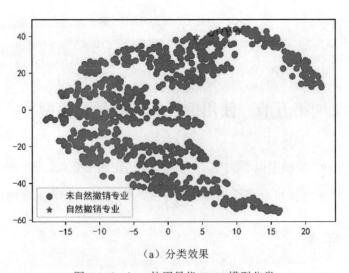

（a）分类效果

图 5-8（一）　使用最优 KNN 模型分类

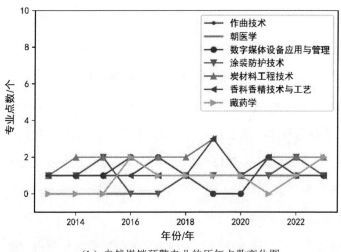

（b）自然撤销预警专业的历年点数变化图

图 5-8（二）　使用最优 KNN 模型分类

三、分析专业撤销预警名录中的专业

从 2024 年专业撤销预警名录中 7 个专业的办学情况来看，坚持举办的学校数量都很少，但这些专业都有一定的办学特色。

（1）炭材料工程技术专业。该专业名称原为炭素加工技术，2021 年更名为炭材料工程技术专业。该专业点的数据呈现出两个特征：一是一个学校长期坚持举办该专业，昆明冶金高等专科学校从 2011 年开始一直举办该专业，并将该专业作为国家"双高计划"专业群中的专业，石嘴山工贸职业技术学院于近 2 年才开设此专业；二是 3 所学校已停办该专业，山东铝业职业学院开设 6 年后最终还是不再开设，安徽职业技术学院、乌兰察布职业学院均只开设了 1 年。因此，该专业是否撤销主要看昆明冶金高等专科学校能否作为特色优势专业持续开设，能否扩大影响促进其他学校举办。如果不能坚持下来，该专业面临撤销的概率将会更高。

（2）数字媒体设备应用与管理专业。该专业名称原为数字媒体设备管理，2021 年更名为数字媒体设备应用与管理专业。该专业点的数据呈现出两个特征：

一是近 3 年来的专业点均由民办高职院校举办，近 2 年只有安徽绿海商务职业学院举办该专业；二是有 2 年（2019 年、2020 年）无校举办该专业。

（3）涂装防护技术专业。该专业名称原为涂装防护工艺，2021 年更名为涂装防护技术专业。该专业点的数据呈现出 2 个特征：一是目前仅剩濮阳石油化工职业技术学院举办该专业，该学校举办时间只有 2 年；二是 3 所学校已停办该专业。辽宁地质工程职业学院从 2018—2022 年举办该专业共 5 年。贵州工业职业技术学院于 2015 年举办该专业仅 1 年。广西工业职业技术学院自 2013—2015 年举办该专业共 3 年。

（4）作曲技术专业。该专业历年来均由艺术类职业院校举办。该专业点的数据呈现出 2 个特征：一是近 3 年仅有福建艺术职业学院举办；二是 2 所学校已经不再举办。安徽黄梅戏艺术职业学院自 2017 年后不再举办。黑龙江艺术职业学院从 2017—2020 年举办该专业共 4 年。

（5）香料香精技术与工艺专业。该专业名称原为香料香精工艺，2021 年更名为香料香精技术与工艺专业。该专业点的数据呈现出 3 个特征：一是近 2 年仅有广东食品药品职业学院举办，该学校自 2019 年开始举办该专业；二是天津渤海职业技术学院自 2019 年后不再举办；三是酒泉职业技术学院仅在 2021 年开设 1 年后就不再举办。

（6）朝医学专业。该专业是 2018 年才开始有学校举办的国控专业，且一直仅由吉林职业技术学院举办。该专业教学内容主要是朝医学、朝药学、朝医临床医疗技术，主要面向朝鲜族地区县乡医院或卫生院培养运用朝医的理法方药的医疗技术人才，具有鲜明的民族地区特色。同炭材料工程技术专业情况类似，该专业是否撤销主要看吉林职业技术学院能否将朝医学专业作为特色优势专业持续开设，能否扩大影响促进其他学校举办；如果不能坚持下来，该专业面临撤销的概率将会更高。

（7）藏药学专业。该专业是 2016 版目录新增的专业。该专业的主要教学内容是藏医学基础、藏药学等方面的知识和技能。该专业点的数据呈现出 2 个特征：一是近 2 年仅有甘孜职业学院、阿坝职业学院举办该专业；这 2 所学校所处的甘孜州和阿坝州均是以藏族为主体民族的州；二是青海省广播电视大学曾从 2016—2020 年举办该专业共 5 年。

第六节　用技术实现最优的机器学习模型

一、找到最优的 DT 模型

考虑到代码比较多，下面列出关键的代码：

```
#==找最优的决策树模型==
dt = DecisionTreeClassifier()
dt.fit(x_train_standard, y_train)
max_depth_dt=dt.get_depth()
parameters={'max_depth':range(max_depth_dt-3,max_depth_dt+3),\
    'min_samples_split':range(2,5),'min_samples_leaf':range(1,4)}
dt=DecisionTreeClassifier()
modelSearch=GridSearchCV(dt,parameters,return_train_score=True,cv=5)
modelSearch.fit(x_train_standard,y_train)
print("最优的模型： ",modelSearch.best_estimator_)
print("最好的成绩： ",modelSearch.best_score_)
print("最优的参数： ",modelSearch.best_params_)
model_best=modelSearch.best_estimator_
```

代码中，用 parameters 表示需要搜索的参数，再用 GridSearchCV 工具找到最优的参数，最终得到最优的决策树模型 model_best。

二、找到最优的 KNN 模型

考虑到代码比较多，下面列出关键的代码：

```
#==找最优的 KNN 模型==
parameters={'n_neighbors':range(1,21),'weights':\
```

```
['uniform','distance']}
knn=KNeighborsClassifier()
modelSearch=GridSearchCV(knn,parameters,return_train_score=True,cv=5)
modelSearch.fit(x_train_standard,y_train)
print("最优的模型：",modelSearch.best_estimator_)
print("最好的成绩：",modelSearch.best_score_)
print("最优的参数：",modelSearch.best_params_)
model_best=modelSearch.best_estimator_
```

KNN 模型的参数不同，其参数主要是'n_neighbors'（邻居数量）、'weights'（权重计算方式）。

三、找到最优的 SVC 模型

同上述方法类型，关键的代码如下：

```
#==找最优的 SVC 模型==
parameters={'C':range(1,21),'gamma':range(1,21)}
svc=SVC()
modelSearch=GridSearchCV(svc,parameters,return_train_score=True,cv=5)
modelSearch.fit(x_train_standard,y_train)
print("最优的模型：",modelSearch.best_estimator_)
print("最好的成绩：",modelSearch.best_score_)
print("最优的参数：",modelSearch.best_params_)
svc_best=modelSearch.best_estimator_
```

贝叶斯模型无须搜索最优的参数，直接可训练模型。找到最优的模型之后，就可以使用最优的模型作进一步比较。

本 章 小 结

从使用最优的机器学习模型预测的结果来看，2024 年自然撤销专业预警名录中有炭材料工程技术、数字媒体设备应用与管理、涂装防护技术、作曲技术、香料香精技术与工艺、朝医学、藏药学等 7 个专业。这些专业均具有一定特色，近 3 年只有 1～2 个专业点，自 2013 年起历年专业点数最多也不超过 4 个。这 7 个专业的预警值得引起重视。一是对朝医学、藏药学这些仅有 1～2 个专业点但又富有特色的专业办学应予以保护性支持，防止被撤销；二是应引导个别长期办学有积淀的被预警专业和学校（如昆明冶金高等专科学校的炭材料工程技术），应积极扩大影响和办学专业点；三是对其他专业（数字媒体设备应用与管理、涂装防护技术、作曲技术、香料香精技术与工艺）应考虑其专业定位，能否与别的专业合并，否则就只能静观其被撤销。

本章所述研究工作也存在一些不足，有待继续研究和改进，如反例数据样本仅使用了 2022 年举办专业的历年专业点数据，没有用到 2013—2021 年未自动撤销专业的历年专业点数据，没有使用专业点数据以外的其他数据（如在校学生数、毕业生数等）作为特征数据；最优 KNN 模型对训练样本数据中自然撤销专业的查全率指标为 0.82，可以尝试使用深度学习模型寻找更优的二分法分类模型；使用最优的机器学习模型仅预测了 2024 年自然撤销预警名录，对后续年度及调整撤销现象还未展开研究。

本章参考文献

[1] 史少杰. 新业态视域下专业与职业的互动：以职业教育新版专业目录为例[J]. 中国职业技术教育，2023（9）：28-35.

[2] 邓华. 新版专业目录视域下高职院校专业的价值定位、编制机理及推进途径[J]. 教育与职业，2022（2）：91-96.

[3] 高职发展智库. 最新！2023 年全国高职院校撤销专业 TOP20 名单出炉[EB/OL].（2023-04-12）[2024-09-08]. http://www.zggzzk.com.cn/redianzixun/shownews.php?id=1190.

[4] 李薪茹. 面向产业需求的我国高职院校专业结构调整研究[D]. 天津：天津大学，2022.

[5] 邓子云. 深入机器学习[M]. 北京：中国水利水电出版社，2023.

[6] 张庆昭，陈子怡，方匡南. 多源异常检测的整合单类 SVM 方法及应用[J]. 统计研究，2023，40（4）：138-150.

[7] 张海宾，肖涵，易灿灿，等. 基于 KNN 和深度高斯混合模型的边界过采样方法[J]. 数据分析与知识发现，2023，7（5）：116-122.

[8] 谭春辉，刁斐，李玥澎，等. 融合决策树模型的跨机构科研合作影响因素研究[J]. 情报资料工作，2023，44（5）：61-70.

[9] 林芳逗，赵为华，张日权. 贝叶斯支持向量回归及其应用[J]. 统计与决策，2023，39（3）：49-54.

[10] 邓子云. 我国"十三五"时期高职专科专业点的数据分析及调整对策[J]. 职业技术教育，2021，42（23）：27-33.

[11] 王扬南. 职业教育专业目录沿革、作用与实施[J]. 中国职业技术教育，2021（7）：9-14.

第六章 高职专科物流类专业点布局的变迁及数据分析

为了量化研究高职专科物流类专业点的布局并找出存在的问题，本章将从专业、年份、省份等维度统计分析专业点数据。

本章将重点研究 2024 年物流类专业的布局特征。在专业布局上，物流类专业呈现出现代物流管理专业"一专独大"、3 个专业的专业点数增长迅速、3 个专业的专业点数增长缓慢、物流金融管理专业已经调出、3 种交通运输方式对应的专业还有较大的发展空间 5 个特征。在地理布局上，物流类专业呈现出"入"字布局，前 3 名有变化、后 3 名不变，增长率第 4 名比第 5 名高出不少，8 个省份出现负增长现象 4 个特征。

通过分析，本书作者带领的研究团队认为物流类专业的布局主要存在 2 个问题。认为产生现代物流管理专业"一专独大"的问题是历史延续、专业交叉、办学成本较低 3 种原因；认为航空物流管理、铁路物流管理、港口物流管理、工程物流管理、物流金融管理、采购与供应管理 6 个专业的定位不明晰；认为影响物流类专业的地理布局的主要因素是人口因素和经济因素。继而，本书作者带领的研究团队提出了调整专业大类和二级类、调整综合物流类专业目录内的专业、发展现代物流管理专业以外的其他物流类专业、加快在物流发达区域的物流类专业点布局 4 点对策建议。

第一节 说明本章的研究思路及相关研究

一、本章的研究思路

历经 2013—2024 年的 12 年发展，至 2024 年 6 月 6 日，我国共有 879 所学校举办了 1230 个物流类专业点，比 2013 年的 979 个增加 251 个，增长率为 25.64%。专业及专业目录的变更、优化使物流类专业点的布局仍然存在一些问题。要量化地分析并发现高职专科物流类专业点布局存在的问题，寻求解决的对策，能否借助大数据技术实现？为此，使用了 Python 软件的 Numpy、matplotlib 等程序库进行数据分析和可视化展现，并对过程和结果的分析进行讨论。

本章将从职业教育和数据分析的角度开展学术研究，重点讨论目前的现状、特征、问题和对策，不讨论软件算法、程序设计的实现细节，研究工作思路如图 6-1 所示。按研究工作思路，将梳理物流类专业的 12 年变迁情况，从而得出要计入物流类专业点的专业及专业代码。再依次分专业、分省份讨论专业点的布局情况，在讨论中发现布局的主要特征和问题，最后再提出解决问题的对策建议。

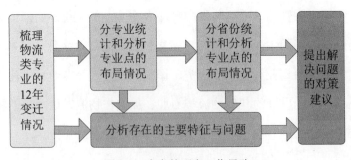

图 6-1 本章的研究工作思路

二、相关研究工作

目前，有关专业点的布局研究主要集中在专业点设置与产业经济的匹配（或适应性）的研究，以及有关专业目录变迁的情况分析。根据中国知网北大核心、中文社会科学引文索引（Chinese Social Sciences Citation Index，CSSCI）收录的期刊文献，可找到与本章研究主题紧密相关的研究，其进展情况主要如下：

（1）专业目录调整是为了服务经济和教育高质量发展。2 次专业目录的大调整都是为了响应经济发展对职业教育发展的诉求。已有对电子与信息大类、装备制造大类、土木建筑大类、能源动力与材料大类的专业目录调整研究及对专业目录大调整的综合性研究都表明，2021 年的大调整紧扣新经济、新业态、新技术、新职业的"四新"要求，总体上志在推动专业升级和数字化改造。为了适应现代物流业的发展，物流类专业也跟随专业目录的大调整而经历了 2 次大调整。

（2）专业点布局的研究已有一定基础。目前研究的主要观点是专业点的布局要与区域经济发展相适应。已有研究针对电子商务、旅游、农林等专业类作专业点布局的数据分析，这些分析既从具体专业的角度，也从地理布局的角度展开；也有研究在全国层面和省级层面展开作数据分析。有在省级层面就物流类专业设置匹配物流产业发展进行了量化的研究，但尚未见专门针对全国层面的物流类专业布局的研究。

（3）研究工作已有基础数据作为支撑。专业点的布局数据在全国职业院校专业设置管理与公共信息服务平台中可开放获取，也可编制爬虫软件爬取得到，继而可统计出专业点数和举办学校数量。专业的变迁历史脉络可以从 2 次专业目录调整说明中整理得到，每年新增的专业及专业点也可从教育部发布的新增专业点名录中得到。

鉴于以上研究情况，接下来将针对物流类专业点的布局开展量化、可视化的研究，并将结合对物流类专业定位的理解，查找出布局的特征和问题，再提出对策。

本书作者目前已经基于 Scrapy 框架研发了数据爬虫软件，爬取到了 2013—2024 年有关专业点布局的 67.65 万条数据，还整理了专业及专业目录的调整明细一并纳入数据库系统，为本章的研究工作打下了坚实的数据基础。接下来，将按上述引言中的研究思路展开研究。

第二节　分析物流类专业 12 年变迁情况

讨论物流类专业的变迁情况是为了便于统计 2013—2024 年这 12 年中物流类专业及目录的数据。

一、2 次大调整的变迁情况

2013—2024 年，物流类专业 2 次大调整使物流类专业的布局得以改善，主要情况如下：

（1）物流类成为二级类。第一次是 2016 年的专业目录调整。在此次调整中，财经商贸大类中设置了物流类这个二级类，将原来分散在其他专业类中的一些专业调整至物流类中，如：将物流工程技术专业从制造大类的机电设备类调整至物流类；将航空物流专业从交通运输大类的民航运输类调整至物流类。

（2）物流类专业得到优化。第二次是 2021 年的专业目录调整，当年即开始使用。在此次调整中，对有的专业进行更名，如物流管理专业更名为现代物流管理专业（此后如无特别说明，物流管理专业、现代物流管理专业均指现代物流管理专业）；航空物流专业更名为航空物流管理专业；物流信息技术专业更名为智能物流技术专业。此次调整体现出更多物流行业先进技术应用的理念，还增设了供应链运营专业，物流金融管理专业合并至金融服务与管理专业并调整至财经商贸大类的金融类专业。

二、变迁的图表表达和统计办法

这两次大调整的具体情况如表 6-1 所示。目前，物流类中有 10 个专业。为了更形象地表达，可以用变迁图表示变迁的脉络。以物流工程技术专业为例，变迁图如图 6-2 所示。

表 6-1　物流类专业的 12 年变迁脉络

专业	2016 年的调整	2021 年的调整
物流工程技术	1. 专业代码由 580313 更改为 630901 2. 所属专业大类由制造大类（58）变更至财经商贸大类（63）。所属专业二级类由机电设备类（5803）变更至物流类（6309）	1. 专业代码由 630901 更改为 530801 2. 所属专业大类由财经商贸大类（63）变更为财经商贸大类（53）。所属专业二级类由物流类（6309）变更为物流类（5308）
现代物流管理	1. 专业代码由 620505 更改为 630903 2. 专业名称为物流管理。所属专业大类由财经大类（62）变更至财经商贸大类（63）。所属专业二级类由工商管理类（6205）变更至物流类（6309）	1. 专业代码由 630903 更改为 530802 2. 专业名称由物流管理更改为现代物流管理 3. 所属专业大类由财经商贸大类（63）变更为财经商贸大类（53）。所属专业二级类由物流类（6309）变更为物流类（5308）
航空物流管理	1. 专业代码由 520525 更改为 600415 2. 专业名称为航空物流。所属专业大类由交通运输大类（52）变更为交通运输大类（60）。所属专业二级类由民航运输类（5205）变更为航空运输类（6004）	1. 专业代码由 600415 更改为 530803 2. 专业名称航空物流更改为航空物流管理 3. 所属专业大类由交通运输大类（60）调整至财经商贸大类（53）。所属专业二级类由航空运输类（6004）调整至物流类（5308）
铁路物流管理	1. 专业代码由 520207 更改为 600109 2. 专业名称由铁道运输经济更改为铁路物流管理 3. 所属专业大类由交通运输大类（52）变更为交通运输大类（60）。所属专业二级类由铁道运输类（5202）变更为铁道运输类（6001）	1. 专业代码由 600109 更改为 530804 2. 所属专业大类由交通运输大类（60）调整至财经商贸大类（53）。所属专业二级类由铁道运输类（6001）调整至物流类（5308）
冷链物流技术与管理	1. 专业代码由 620536 更改为 630906 2. 所属专业大类由财经大类（62）变更至财经商贸大类（63）。所属专业二级类由工商管理类（6205）变更至物流类（6309）	1. 专业代码由 630906 更改为 530805 2. 所属专业大类由财经商贸大类（63）变更为财经商贸大类（53）。所属专业二级类由物流类（6309）变更为物流类（5308）

续表

专业	2016 年的调整	2021 年的调整
港口物流管理	1. 专业代码由 520608 更改为 600309 2. 所属专业大类由交通运输大类（52）变更为交通运输大类（60）。所属专业二级类由港口运输类（5206）变更为水上运输类（6003）	1. 专业代码由 600309 更改为 530806 2. 所属专业大类由交通运输大类（60）调整至财经商贸大类（53）。所属专业二级类由水上运输类（6003）变更为物流类（5308）
工程物流管理	1. 专业代码由 620515 更改为 630905 2. 专业名称由国际工程物流管理更改为工程物流管理 3. 所属专业大类由财经大类（62）变更至财经商贸大类（63）。所属专业二级类由工商管理类（6205）变更至物流类（6309）	1. 专业代码由 630905 更改为 530807 2. 所属专业大类由财经商贸大类（63）变更为财经商贸大类（53）。所属专业二级类由物流类（6309）变更为物流类（5308）
采购与供应管理	1. 专业代码由 620510 更改为 630907 2. 专业名称由采购供应管理更改为采购与供应管理 3. 所属专业大类由财经大类（62）变更至财经商贸大类（63）。所属专业二级类由工商管理类（6205）变更至物流类（6309）	1. 专业代码由 630907 更改为 530808 2. 所属专业大类由财经商贸大类（63）变更为财经商贸大类（53）。所属专业二级类由物流类（6309）变更为物流类（5308）
智能物流技术	1. 专业代码由 590126 更改为 630902 2. 专业名称为物流信息技术。所属专业大类由电子信息大类（59）变更至财经商贸大类（63）。所属专业二级类由计算机类（5901）变更至物流类（6309）	1. 专业代码由 630902 更改为 530809 2. 专业名称由物流信息技术更改为智能物流技术。 3. 所属专业大类由财经商贸大类（63）变更为财经商贸大类（53）。所属专业二级类由物流类（6309）变更为物流类（5308）
供应链运营	—	新增专业，专业代码为 530810

图 6-2 物流工程技术专业的 12 年变迁脉络

图 6-2 用有向无环图表示专业的变迁，与一般有向无环图不同的是

（1）省略小变迁的图示。2013—2016 年、2016—2021 年、2021 年以后的这 3 个时间段中间实际上仅有小的变迁，变化的只是专业点数，故这种变迁图作简化表达省略了节点和箭线。

（2）结点具有双重含义。结点表示专业和专业代码，但同时也是变迁动作发生之处。

物流工程技术专业在 2016 年以前并不在物流类专业中，但在做统计分析时，该专业 2016 年以前的专业点数应该计算为物流类专业点数，以便做历年的数据对比。同理，2016 以前的这些专业点数也应当计算为物流类专业点数：物流管理、航空物流、铁道运输经济、冷链物流技术与管理、港口物流管理、国际工程物流管理、采购供应管理、物流信息技术、物流园区金融管理专业。

三、物流金融管理和物流园区金融管理专业情况说明

2016 年取消了财经大类的财政金融类中的物流园区金融管理专业，但在物流类中新增了物流金融管理专业。随着第 2 次专业目录的调整，自 2021 年起，物流金融管理不再属于物流类。因此，物流金融管理专业在 2016—2020 年的专业点数应计算为物流类专业点数。物流园区金融管理和物流金融管理这 2 个专业的变迁情况如表 6-2 所示。

表 6-2　物流园区金融管理和物流金融管理专业的 12 年变迁

专业	2016 年的调整	2021 年的调整
物流金融管理	新增专业，专业代码为 630904	1. 合并至金融服务与管理专业，专业代码由 630904 变更为 530201 2. 所属专业大类由财经商贸大类（63）调整至财经商贸大类（53）。所属专业二级类由物流类（5308）变更为金融类（5302）
物流园区金融管理	取消专业，专业代码为 620118	—

第三节 分析物流类专业历年的布局

接下面将结合年份、专业、省份来讨论物流类专业的布局情况。

一、各专业历年的专业点数分析

据前述物流类专业的变迁脉络，把已取消的物流类专业、调出的物流类专业（只计算调出前的专业点数）及现有物流类专业的前身专业都视为物流类专业。专业点数统计结果如表 6-3 所示。

表 6-3 物流类专业历年的专业点数统计表 单位：个

2021年后的专业代码	专业名称	2013年	2014年	2015年	2016年	2017年	2018年	2019年	2020年	2021年	2022年	2023年	2024年	总计
530801	物流工程技术	7	10	11	16	13	14	15	15	18	21	18	18	176
530802	现代物流管理	939	953	930	972	981	980	1011	1001	987	982	959	946	11641
530803	航空物流管理	2	4	11	19	29	40	52	58	63	64	60	59	461
530804	铁路物流管理	2	4	6	19	20	27	28	28	28	25	26	26	239
530805	冷链物流技术与管理	1	1	2	6	8	11	17	19	21	21	23	22	152
530806	港口物流管理	8	8	7	10	12	12	15	16	15	14	13	15	145
530807	工程物流管理	0	1	3	6	6	8	7	8	6	8	7	7	67
530808	采购与供应管理	9	8	9	15	13	11	14	19	19	18	17	13	165
530809	智能物流技术	9	9	12	20	22	29	30	38	38	43	51	57	358
530810	供应链运营	0	0	0	0	0	0	0	0	9	37	54	67	167
—	物流园区金融管理	1	2	2	0	0	0	0	0	0	0	0	0	5
—	物流金融管理	0	0	0	5	10	15	14	14	0	0	0	0	58
总计	—	978	1000	993	1088	1114	1147	1203	1216	1204	1233	1228	1230	13634

注：2021 年之后物流园区金融管理、物流金融管理已经不在专业目录中，故表中没有专业代码。

制作各专业的历年点数变化图，如图 6-3 所示。其中，图 6-3（a）表达的专业范围为物流类所有专业；图 6-3（b）表达的专业范围为除现代物流管理专业以外的其他物流类专业。

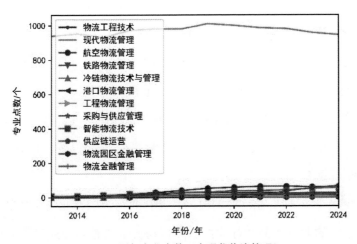

（a）历年专业点数（含现代物流管理）

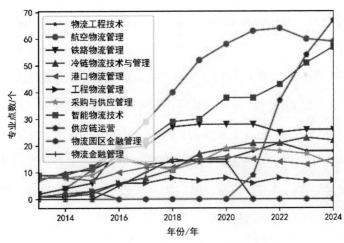

（b）历年专业点数（不含现代物流管理）

图 6-3　物流类专业点数的历年变化情况

根据表 6-3 和图 6-3，物流类专业点数的分布主要呈现出以下特征：

（1）现代物流管理专业"一专独大"。尽管自 2019 年以来，现代物流管理专业点数在缓慢下降，但是这一个专业点数占物流类专业点数绝大部分的局面并没有改变。现代物流管理专业点数占物流类专业点数的比例逐年下降，已从 2013 年的 95.91% 下降到了 2024 年的 76.91%，12 年间下降了 19 个百分点。

（2）3 个专业的专业点数增长趋势明显。这 3 个专业为航空物流管理专业、智能物流技术专业、供应链运营专业，12 年间分别增加 57、48、67 个专业点。其中，供应链运营专业开设仅 4 年就增长到了 67 个专业点。根据专业名称和定位，先进技术、产业链合作、高端服务等行业变化正融入高职教育中。

（3）3 个专业的专业点数增长缓慢。工程物流管理、港口物流管理、采购与供应管理这 3 个专业即便是在 2024 年专业点数都在 20 个以下，其中工程物流管理专业的专业点数仅 7 个。

（4）物流金融管理专业已经调出。物流行业与金融行业的交叉融合给物流行业带来了丰富的业务产品和行业增长点。物流金融管理专业有着旺盛的行业需求。根据物流园区金融管理、物流金融管理的专业点数情况，2020 年已经增长到 14 个。2021 年，物流金融管理专业合并至其他专业，从此，物流金融管理专业不再属于物流类专业。

（5）3 种交通运输方式对应的专业还有较大的发展空间。这 3 个专业为港口物流管理专业、铁路物流管理专业、航空物流管理专业。2024 年，这 3 个专业的专业点数分别为 15、26、59 个。从举办的学校及所在城市来看，举办铁路物流管理专业的 24 所学校中有 19 所是有铁路背景的学校，3 个专业的举办学校所在地均对应运输方式发达的城市。但是，港口物流管理专业在很多重要的港口城市仍然没有布局，如：深圳市、南京市等。

二、各省（自治区、直辖市）历年的专业点数分析

分省（自治区、直辖市）统计的历年物流类专业点数分布情况如表 6-4 所示，制作折线图如图 6-4 所示。

表6-4 物流类专业的地理布局　　　　单位：个

省（自治区、直辖市）	2013年	2014年	2015年	2016年	2017年	2018年	2019年	2020年	2021年	2022年	2023年	2024年	合计
安徽省	59	60	57	60	65	70	84	84	79	76	67	63	824
北京市	15	16	16	13	11	14	13	10	10	9	10	9	146
福建省	44	40	40	38	34	32	31	38	34	36	33	34	434
甘肃省	12	12	12	14	17	21	21	23	21	23	24	22	222
广东省	78	79	87	97	97	86	92	101	91	98	102	109	1117
广西壮族自治区	43	44	40	40	42	42	40	41	44	49	45	44	514
贵州省	13	15	11	13	16	17	19	20	21	18	17	18	198
海南省	7	7	7	8	8	9	8	8	10	11	11	12	106
河北省	54	55	57	62	58	55	54	58	55	53	53	52	666
河南省	51	57	61	80	83	89	100	99	103	104	109	109	1045
黑龙江省	27	31	30	33	29	28	28	28	24	26	23	23	330
湖北省	51	47	47	52	54	53	53	60	61	52	58	61	649
湖南省	43	45	39	48	46	45	44	43	40	39	38	40	510
吉林省	17	17	18	18	24	27	31	29	28	26	29	23	287
江苏省	68	67	67	69	71	73	73	78	77	81	77	76	877
江西省	39	48	40	41	40	46	54	52	52	58	57	53	580
辽宁省	35	36	32	33	33	33	36	36	37	35	34	36	416
内蒙古自治区	22	24	22	24	26	26	24	21	21	20	16	14	260
宁夏回族自治区	4	3	4	5	5	3	3	3	4	5	3	3	45
青海省	2	2	3	2	4	4	2	2	3	2	3	2	31
山东省	68	68	70	72	75	80	84	81	77	80	78	78	911
山西省	22	21	19	19	19	20	20	22	23	25	29	32	271
陕西省	37	33	40	49	53	54	53	47	47	49	47	45	554
上海市	27	25	20	18	20	23	22	22	23	24	27	26	277
四川省	42	44	46	52	53	61	71	69	73	76	76	76	739
天津市	19	19	21	23	22	21	19	21	19	21	18	21	244

续表

省（自治区、直辖市）	2013年	2014年	2015年	2016年	2017年	2018年	2019年	2020年	2021年	2022年	2023年	2024年	合计
西藏自治区	1	1	1	1	1	1	1	1	1	1	1	1	12
新疆维吾尔自治区	12	13	13	16	17	18	20	20	24	23	29	32	237
云南省	15	18	18	24	27	27	34	28	31	35	34	35	326
浙江省	35	36	38	40	37	35	37	38	38	42	43	41	460
重庆市	16	17	17	24	27	34	32	33	33	36	37	40	346
合计	978	1000	993	1088	1114	1147	1203	1216	1204	1233	1228	1230	13634

注：新疆生产建设兵团的专业点数计入新疆维吾尔自治区。

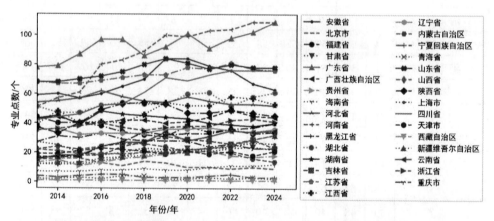

图6-4 物流类专业在各省（自治区、直辖市）历年的专业点数

根据表6-4和图6-4，在2013—2024年的12年里，物流类专业点数的布局主要呈现出以下特征：

（1）由"双线梯度"特征变为"入"字特征。2013年的专业点布局规律，就像是从广东省、山东省（和江苏省）2个区域出发，梯度大致往西北方向逐步降低。2024年的专业点布局规律，就像是被一个"入"字隔开，以河南省、广东省、四川省为3个最为密集的省份，梯度向周围逐步降低。这种分布特征与常人感觉不同，通常人们认为专业点布局应与现代物流业"以环渤海、长三角、珠三角为物流业集中区，梯度向西逐步降低"的布局一致。

（2）前 3 名有变化，后 3 名不变。专业点数排名前 3 的省份，在 2013 年为广东省、江苏省、山东省，在 2024 年变成了河南省、广东省、山东省。河南省 2024 年的专业点数相较 2013 年增长了 2.14 倍，共计增加 58 个专业点。2013 年专业点数后 3 名为西藏自治区、青海省、宁夏回族自治区，12 年来，这 3 个省（自治区）总是后 3 名。即便是在 2024 年，这 3 个省（自治区）的物流类专业点数加起来，也只有 6 个。

（3）增长率第 4 名比第 5 名高出不少。用 2024 年与 2013 年这两年的专业点数相比较，专业点数增长率排名前四的省（自治区、直辖市）为新疆维吾尔自治区、重庆市、云南省、河南省，均在 100% 及以上。而第 5 名为甘肃省，增长率为83.33%，比第四名的增长率 113.73% 低 30.40 个百分点。

（4）8 个省（自治区、直辖市）出现负增长现象。仍用 2024 年与 2013 年这两年的专业点数相比较，有北京市、内蒙古自治区、宁夏回族自治区、福建省、黑龙江省、湖南省、上海市、河北省等出现负增长。其中，北京市下降幅度最大，达到 40%。

第四节　提出物流类专业布局的主要问题及对策

根据上述的基本情况和数据分析，对物流类专业的布局梳理出 2 个主要问题及影响地理布局的 2 个因素，讨论如下。

一、"一专独大"问题

现代物流管理专业"一专独大"的问题由来已久，究其主要原因有 3 个：

（1）历史延续的原因。在 2016 年专业目录大调整前，现代物流管理专业一直仅为财经大类中工商管理类的一个专业。2016 年的专业目录大调整正式将物流类列为二级类后才将物流类专业扩展至物流信息技术、物流工程技术等专业，自此各高职院校才重视举办现代物流管理专业以外的其他物流类专业。事实上，高职院校要举办物流类专业都是从举办现代物流管理专业开始积累办学经验。应当看到，尽管现代物流管理专业的专业点数 12 年来变化较小，从 2013 年的 939 个至 2024 年的 946 个，但是举办该专业的学校数量却从 2013 年的 918 所下降到了 2024 年的 792 所。由此可见，百余所高职院校经过认真凝练自己的办学特色，决定不再举办不具有办学特色和优势的现代物流管理专业；百余所高职院校除举办三年制现代物流管理专科专业外，还举办有二年制（即"3+2"中高职衔接学制）或五年制（即五年一贯制大专）现代物流管理专科专业。

（2）专业交叉的原因。物流类与交通运输大类专业存在明显的知识和技术技能交叉。从产业的角度来看，物资流通必然依靠各种交通运输方式实现；从术语内涵来看，物流一词的内涵相对运输一词更为宽广；从时间的角度来看，交通运输大类作为专业大类一直存在于高职专科目录中，而物流类在 2016 年才确立为二级类。因此，交通运输大类中的道路运输管理、管道运输管理、民航运输服务、集装箱运输管理、邮政快递运营管理、邮政快递智能技术等专业与物流类专业存在着较多的知识和技术技能交叉，其他交通运输大类专业也与物流类专业存在着一定的交叉。因此，以交通运输大类为办学特色的高职院校在举办物流类专业时，会优先考虑先举办一个较为成熟、历史时间较长、专业相近的物流类专业（即现代物流管理）来积累办学经验。

（3）办学成本较低的原因。通常认为，举办偏文科的专业比举办偏理工科的专业成本更低。高职院校在人力、财力、物力投入有限时，如果计划要举办物流类专业，会优先考虑投入较少的现代物流管理专业。如果高职院校在举办与物流类专业有关的理工科专业上没有一定的积累，通常不会贸然地举办物流类专业中偏理工科的专业。如：举办冷链物流技术与管理专业，建设实训室时要投入建设冷库，采购、建设、维护成本均较高，教师队伍中也需要配备拥有制冷技术、冷链运输等方面的专业技术人才。

二、专业定位不明问题

物流类专业中的专业定位不明问题主要体现在 4 个方面，讨论如下：

（1）3 个以交通运输方式命名的专业定位不明。这 3 个专业是物流类专业中的航空物流管理、铁路物流管理、港口物流管理同交通运输大类中的民航运输服务、铁道交通运营管理、港口与航运管理 3 个专业知识和技术技能内容交叉，特别是在运输环节的教学课程及其内容存在较多的雷同、关联。港口物流管理专业由于需要专业所在地港口物流行业有相应需求，且办学成本较高、专业性较强、师资储备要求较专业等原因导致增长缓慢。

（2）工程物流管理专业定位不明。根据内涵及岗位工作实际，工程物流管理的工作内容偏向于为大企业或大项目提供综合解决方案，并予以实施。实际操作中，大企业物流作业的内容涉及面较宽，大项目通常也会伴有特种物流、大件运输、仓储服务等作业内容。在校企合作过程中，由于从事工程物流管理的物流企业可选择性不多，导致有的高职院校对工程物流管理的专业教学内容偏向于特种物流作业、大件运输作业，或侧重于面向物流合同中的甲方企业培养物流人才。由此，使工程物流管理专业的定位不明，各高职院校的专业定位差异较大。如：陕西铁路工程职业技术学院的工程物流管理专业主要面向铁路企业培养物流人才；湖南财经工业职业技术学院的工程物流管理专业则面向港口、海关、货运、商贸等多种类型的企业培养物流人才。

（3）物流金融管理专业定位不明。2021 年专业目录大调整时，由于物流金融管理专业定位不明，将物流金融管理专业与金融管理专业合并为金融服务与管理专业。事实上，物流行业需要培养跨界物流与金融的复合型人才。

（4）采购与供应管理专业定位不明。采购与供应管理专业从名称和专业定位来看均不明晰。采购与供应作为供应链管理和企业管理的重要环节，独立成为专业确实仍存在争议。

三、影响地理布局的因素

为什么物流类专业点的地理布局会发生上述分析的变迁呢？主要原因有 2 个：

（1）与人口因素有关。四川省、广东省、河南省都是人口大省，2022 年这 3 个省份人口数量分别为 8374 万人、12657 万人、9872 万人。从正相关的角度来考虑，人口多自然意味着物流需求更为旺盛，物流类专业的人数、点数也更多。人口较多的山东省、江苏省、安徽省人口数量排名与物流类专业点数排名也基本相当。各省专业点数、GDP 及人口数量如表 6-5 所示。

（2）与经济因素有关。四川省、广东省、河南省都是经济大省，2022 年这三个省份的 GDP 分别为 56749.8 亿元、129118.6 亿元、61345.1 亿元。各省（自治区、直辖市）专业点数、GDP 排名及人口数量如表 6-5 所示。

表 6-5　各省（自治区、直辖市）专业点数、GDP 排名及人口数量

省（自治区、直辖市）	2022 年 GDP/亿元	2022 年 GDP 排名	2022 年专业点数/个	2022 年专业点数排名	2022 年人口数量/万人	2022 年人口数量排名
安徽省	45045	10	76	5	6127	9
北京市	41611	13	9	28	2184	26
福建省	53109.9	8	36	14	4188	15
甘肃省	11201.6	27	23	22	2492	22
广东省	129118.6	1	98	2	12657	1
广西壮族自治区	26300.9	19	49	10	5047	11
贵州省	20164.6	22	18	26	3856	17
海南省	6818.2	28	11	27	1027	28
河北省	42370.4	12	53	8	7420	6
河南省	61345.1	5	104	1	9872	3
黑龙江省	15901	25	26	18	3099	20
湖北省	53734.9	7	52	9	5844	10

续表

省（自治区、直辖市）	2022年 GDP/亿元	2022年 GDP排名	2022年专业点数/个	2022年专业点数排名	2022年人口数量/万人	2022年人口数量排名
湖南省	48670.4	9	39	13	6604	7
吉林省	13070.2	26	26	18	2348	25
江苏省	122875.6	2	81	3	8515	4
江西省	32074.7	15	58	7	4528	13
辽宁省	28975.1	17	35	16	4197	14
内蒙古自治区	23158.7	21	20	25	2401	24
宁夏回族自治区	5069.6	29	5	29	728	29
青海省	3610.1	30	2	30	595	30
山东省	87435.1	3	80	4	10163	2
山西省	25642.6	20	25	20	3481	18
陕西省	32772.7	14	49	10	3956	16
上海市	44652.8	11	24	21	2476	23
四川省	56749.8	6	76	5	8374	5
天津市	16311.3	24	21	24	1363	27
西藏自治区	2132.6	31	1	31	364	31
新疆维吾尔自治区	17741.3	23	23	22	2587	21
云南省	28954.2	18	35	16	4693	12
浙江省	77715.4	4	42	12	6577	8
重庆市	29129	16	36	14	3213	19

注：1. 数据来源：国家统计局网站。

2. 至本书成稿时，2023年各省（自治区、直辖市）的 GDP 及人口数量统计数据在国家统计局网站暂未公布，故这里使用国家统计局网站已公布的 2022 年数据。

条形图和曲线图分别如图 6-5（a）和图 6-5（b）所示。根据表 6-5 和图 6-5，可发现专业点数与人口因素、经济因素都有一定的相关性，总体趋势方向趋同，但在个体上也存在一定的差异。影响地理布局的因素应不局限于 GDP、人口数量这两个特征数据项，可扩展至社会物流总额、高职院校数量、高职院校师资数量等特征数据项，后续还可做专题研究，进一步用机器学习技术进行数据关联、预测研究、问题和对策研究。

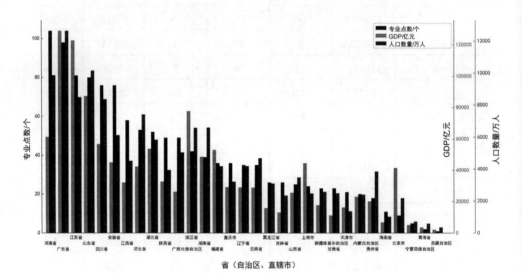

（a）条形图

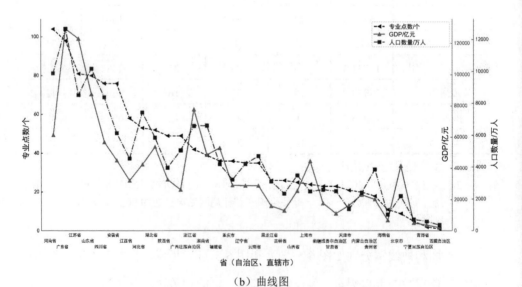

（b）曲线图

图 6-5　各省（自治区、直辖市）按专业点数排名构建的条形图和曲线图

四、专业布局调整的对策建议

根据上述讨论，提出以下对物流类专业布局调整的对策建议：

（1）调整专业大类和二级类。建议在下一轮专业目录调整时将物流类专业与交通运输大类合并，彻底解决物流类专业与交通运输大类中的专业交叉问题，尽可能把知识和技术技能交叉控制在专业大类中，把专业面向的行业跨界范围也控制在专业大类中。因此，可把交通运输大类更名为物流与交通运输大类，在物流与交通运输大类中增设综合物流类（即现在的物流类）作为二级类。

（2）调整综合物流类专业目录内的专业。建议将定位不清晰的专业合并至物流类中的其他专业或重新定位、更名。可将工程物流管理专业合并至现代物流管理专业，可在现代物流管理专业设置特种物流方向；也可按照物流行业和职业教育界的共识，把工程物流管理专业更名为特种物流技术与管理专业，专门培养从事大件运输、特种物流作业的人才。可将采购与供应管理专业合并至供应链运营专业。可增设物流金融管理专业，专门培养物流业与金融业的跨行业、复合型人才。可将民航运输服务、铁道交通运营管理、港口与航运管理3个专业分别与航空物流管理、铁路物流管理、港口物流管理专业合并，分别合并为航空物流管理、铁路物流管理、港口与航运物流管理专业，并放于综合物流类专业中。可将道路运输管理专业更名为公路物流管理专业，调整至综合物流类专业。管道运输类、邮政类专业由于行业管理归口较为明晰，可暂不作调整。调整的对应关系如表6-6所示。

表6-6　高职专科综合物流类专业调整建议

2024 年目录内的专业	建议调整后的专业	
物流工程技术	物流工程技术	
现代物流管理	合并为现代物流管理专业	现代物流管理
工程物流管理		更名为特种物流技术与管理专业

2024 年目录内的专业	建议调整后的专业
航空物流管理	航空物流管理
交通运输大类中的民航运输服务专业	
铁路物流管理中的	铁路物流管理
交通运输大类中的铁道交通运营管理	
冷链物流技术与管理	冷链物流技术与管理
港口物流管理	港口与航运物流管理
交通运输大类中的港口物流管理专业	
交通运输大类中的道路运输管理专业	公路物流管理
智能物流技术	智能物流技术
采购与供应管理	供应链运营
供应链运营	
	新增物流金融管理专业

注：如表中所示，工程物流管理和现代物流管理专业的调整有 2 种可选的策略。

（3）发展现代物流管理专业以外的其他物流类专业。持续降低现代物流管理专业的专业点数占比，鼓励在各重要物流节点城市（如港口城市、铁路枢纽城市、航空枢纽城市）通过产教融合的方式设立港口与航运物流管理、铁路物流管理、航空物流管理专业，鼓励在工程机械、冷链技术、先进信息技术行业有一定基础的城市分别增设物流工程技术专业、冷链物流技术与管理专业、智能物流技术专业。

（4）加快在物流发达区域的物流类专业点布局。在长三角、环渤海地区积极布局物流类专业点，鼓励在西藏自治区、青海省、宁夏回族自治区适度增设物流类专业点。

第五节　用技术实现本章的数据分析

本节主要介绍 3 个关键技术点：一是如何使用 SQL 和 Python 统计出物流类各专业历年的专业点数；二是如何分省（自治区、直辖市）统计物流类专业的专业点数据；三是如何制作专业点数、人口、GDP 的关系图。

一、统计物流类各专业历年的专业点数

要统计物流类专业历年的专业点数有 2 种情况要考虑：第一种情况是以 2021 版目录向前倒推 2016 版专业目录及 2016 年以前的专业，然后再统计数据；第二种情况是物流金融管理及物流园区金融管理这 2 个专业的特殊情况，因为这 2 个专业已经撤销。

（一）统计第一种情况的物流类专业历年的专业点数

先用 SQL 语句查询出 2021 年及之后的物流类专业的名录，SQL 语句如下：

```
--2021 版专业目录中，"5308"为物流类专业的二级专业类代码
select FirstTypeCode, SecondTypeCode, SpecialityCode, SpecialityName, SetYear
from SpecialitiyDict
where specialityCode like '5308%' and addyear>=2021
order by specialityCode
```

根据这个名录，使用循环语句，可进一步查询出 2021—2024 年的专业点数，查询某个专业的专业点数 SQL 语句如下：

```
select SpecialityCode, MemYear,count(SpecialityCode) as numCount
from speciality
        where memyear>2020 and
SpecialityCode ='某个专业的专业代码'
group by SpecialityCode, MemYear
order by SpecialityCode, MemYear
```

接下来，如何统计一个物流类专业 2016—2020 年的专业点数呢？该问题要考

虑 2 点因素：一是不能继续使用二级专业类代码"5308"，因为 2016 版专业目录的专业代码与 2021 版专业目录的专业代码可能不同；二是不能直接使用 2016 版物流类的二级专业类代码，因为在 2021 版目录中的物流类专业，不一定在 2016 版目录的物流类专业中。因此，应当根据 2016 版目录和 2021 版目录中物流类专业的对应关系找出物流类专业的名录。使用的 SQL 语句如下：

```
select CurrentSpecialityCode, Current_specialityName,
SourceSpecialityCode, SourceSpecialityName,
ExchangeAction, ExchangeYear
from SpecialityExchange
where current_special_code ='2021 版目录的某个专业的代码'
and ExchangeYear='2021'
```

由此，可找到 2021 版目录中的专业对应在 2016 版目录中的专业，再使用如下的 SQL 语句查询 2016—2020 年的专业点数：

```
select SpecialityCode, MemYear,count(SpecialityCode) as numCount
from speciality
        where memyear>2015 and memyear<=2020 and
SpecialityCode ='某个专业的专业代码'
group by SpecialityCode, MemYear
order by SpecialityCode, MemYear
```

接下来，如何进一步找到 2015 年及以前的专业代码呢？同样需要找对应关系，SQL 语句如下：

```
select CurrentSpecialityCode, Current_specialityName,
SourceSpecialityCode, SourceSpecialityName,
ExchangeAction, ExchangeYear
from SpecialityExchange
where current_special_code ='2016 版目录的某个专业的代码'
        and ExchangeYear='2015'
```

再使用如下的 SQL 语句查询 2016—2020 年的专业点数：

```
select SpecialityCode, MemYear,count(SpecialityCode) as numCount
from speciality
        where memyear<=2015 and
SpecialityCode ='某个专业的专业代码'
```

```
group by SpecialityCode, MemYear
order by SpecialityCode, MemYear
```

（二）统计第二种情况的物流类专业历年的专业点数

由于物流园区金融管理专业和物流金融管理专业的名称中都有"物流"和"金融"这两个词，而其他专业的名称不可能同时包含这 2 个词，故可使用如下的 SQL 语句来进行统计：

```
select SpecialityCode, MemYear,count(SpecialityCode) as numCount
from speciality
    where SpecialityCode in
     (select SpecialityCode from SpecialitiyDict where SpecialityName like
       '%物流%金融%')
group by SpecialityCode, MemYear
order by SpecialityCode, MemYear
```

（三）在 Python 中实现统计物流类专业历年的专业点数

如果要用 Python 程序统计物流类专业历年的专业点数，该如何做？下面给出完整的源代码：

```
#导入要用到的类
import pandas as pd
from speciality.common.db import DbOperation as db
dbo=db()
#==查询出要统计的专业==
#2021 版专业目录中，"5308"为物流类专业的二级专业类代码
sql=" select FirstTypeCode, SecondTypeCode, SpecialityCode, \
SpecialityName, SetYear \
from SpecialitiyDict \
where specialityCode like '5308%' and addyear>=2021 \
order by specialityCode "
logistics_speciality_all=pd.read_sql(sql, con=dbo.connection)
data=pd.DataFrame()
#==逐个开始统计数据==
for i in range(logistics_speciality_all.shape[0]):
sql="select SpecialityCode, MemYear,count(SpecialityCode) as numCount\
from speciality \
    where memyear>2020 and \
```

```
SpecialityCode ="'+\
str(logistics_speciality_all.iloc[i,2])+"' \
group by SpecialityCode, MemYear \
order by SpecialityCode, MemYear"
    end_data=pd.read_sql(sql, con=dbo.connection) #2021—2022 年统计数据
    if(end_data.empty):#结果为空
        data=data.append(end_data,ignore_index=True)
        continue
    #==找到 2016—2020 年前置专业的数据==
sql=" select CurrentSpecialityCode, Current_specialityName,\
    SourceSpecialityCode, SourceSpecialityName,\
    ExchangeAction, ExchangeYear\
    from SpecialityExchange \
    where current_special_code ="'+\
    str(logistics_speciality_all.iloc[i,2])+"'
    and ExchangeYear=2021"
#2021—2024 年统计数据
midd_source_speciality=pd.read_sql(sql, con=dbo.connection)
if(midd_source_speciality.empty or \
    str(midd_source_speciality.iloc[0,4])=='新增'):#结果为空
        data=data.append(end_data,ignore_index=True)
        continue
    #找到前置专业的统计数据再合并
    temp_midd_data=pd.DataFrame()
    front_speciality=[]
    for j in range(midd_source_speciality.shape[0]):
        source_speciality_code=str(midd_source_speciality.iloc[j,2])
        sql=" select SpecialityCode, MemYear,count(SpecialityCode) \
        as numCount \
        from speciality \
        where memyear>2015 and memyear<=2020 and \
SpecialityCode ="'+source_speciality_code+"' \
group by SpecialityCode, MemYear \
order by SpecialityCode, MemYear"
        front_speciality.append(str(source_speciality_code))
        #2016—2020 年统计数据
        temp_data=pd.read_sql(sql, con=dbo.connection)
        if(j==0):
```

```
            temp_midd_data=temp_data
        else:
            temp_midd_data.append(temp_data)
    temp_midd_data.iloc[:,0]=str(logistics_speciality_all.iloc[i,2])
    midd_data_group=temp_midd_data.groupby(\
['specialitycode','memyear'])
    j=0
    for name,group in midd_data_group:
        numCount=midd_data_group.sum().iloc[j,0]
        temp_data = {'specialitycode': [name[0]],\
            'memyear':[name[1]],\
            'numCount':[str(numCount)]}
        temp_data=pd.DataFrame(temp_data)
        end_data=end_data.append(temp_data,ignore_index=True)
        j+=1
    #==找到2015年及以前的统计数据==
sql="select CurrentSpecialityCode, Current_specialityName,\
        SourceSpecialityCode, SourceSpecialityName,\
        ExchangeAction, ExchangeYear \
        from SpecialityExchange \
        where 1=1 "
    for j in range(len(front_speciality)):
        sql+=" and CurrentspecialityCode ='"+front_speciality[j]+"' "
sql+="    and ExchangeYear='2015'"
#2016年的变更记录
    front_source_speciality=pd.read_sql(sql, con=dbo.connection)
if(front_source_speciality.empty or \
        str(front_source_speciality.iloc[0,4])=='新增'):#结果为空
        data=data.append(end_data,ignore_index=True)
        continue
    #找到前置专业的统计数据再合并
    temp_front_data=pd.DataFrame()
    for j in range(front_source_speciality.shape[0]):
        source_speciality_code=str(front_source_speciality.iloc[j,2])
        sql="select SpecialityCode, MemYear,count(SpecialityCode) as \
            numCount from speciality \
            where memyear<=2015 and \
SpecialityCode ='"+source_speciality_code+"'\
```

```
group by SpecialityCode, MemYear \
order by SpecialityCode, MemYear"
        #2015 年及以前的统计数据
        temp_data=pd.read_sql(sql, con=dbo.connection)
        if(j==0):
            temp_front_data=temp_data
        else:
            temp_front_data.append(temp_data)
    temp_front_data.iloc[:,0]=str(logistics_speciality_all.iloc[i,2])
    front_data_group=temp_front_data.groupby(\
      ['specialitycode','memyear'])
    j=0
    for name,group in front_data_group:
        numCount=front_data_group.sum().iloc[j,0]
        temp_data = {'specialitycode': [name[0]],\
            'memyear':[name[1]],\
            'numCount':[str(numCount)]}
        temp_data=pd.DataFrame(temp_data)
        end_data=end_data.append(temp_data,ignore_index=True)
        j+=1
    data=data.append(end_data,ignore_index=True)
#==增加物流园区金融管理和物流金融管理==
sql= "select SpecialityCode, MemYear,count(SpecialityCode) as numCount \
from speciality \
where SpecialityCode in \
(select SpecialityCode from SpecialitiyDict where SpecialityName like \
'%物流%金融%') \
group by SpecialityCode, MemYear \
order by SpecialityCode, MemYear"
data_finance=pd.read_sql(sql, con=dbo.connection) #物流金融
for i in range(data_finance.shape[0]):
    #物流园区金融管理
    temp_dict={}
    if(str(data_finance.iloc[i,0])=='620122' or str(data_finance.iloc[i,0])=='620118'):
        temp_dict = {'specialitycode': ['620118'],\
            'memyear':[str(data_finance.iloc[i,1])],\
            'numCount':[str(data_finance.iloc[i,2])]}
    else:
```

```
        temp_dict = {'specialitycode': \
          [str(data_finance.iloc[i,0])],\
              'memyear':[str(data_finance.iloc[i,1])],\
              'numCount':[str(data_finance.iloc[i,2])]}
      if(len(temp_dict)>0):
          temp_data=pd.DataFrame(temp_dict)
          data=data.append(temp_data,ignore_index=True)
#==输出数据==
data=data.sort_values(by=['specialitycode','memyear'])
print(data, sep='\n')
#将 DataFrame 保存为 Excel 文件
path=r'…\countSpecAndYear.xlsx'
data.to_excel(path, index=False)
```

程序执行完后，可得到如图 6-6 所示的数据表。

	A	B	C
1	specialitycode	memyear	numCount
2	530801	2013	7
3	530801	2014	10
4	530801	2015	11
5	530801	2016	16
6	530801	2017	13
7	530801	2018	14
8	530801	2019	15
9	530801	2020	15

图 6-6　得到的物流类专业历年的专业点数

可使用 Excel 进一步整理历年数据，得到如图 6-7 所示的数据表。

	A	B	C	D	E	F	G	H	I	J	K	L	M	N	O
1	2021年后的专业代码	专业名称	2013年	2014年	2015年	2016年	2017年	2018年	2019年	2020年	2021年	2022年	2023年	2024年	总计
2	530801	物流工程技术	7	10	11	16	13	14	15	15	18	21	18	18	176
3	530802	现代物流管理	939	953	930	972	981	980	1011	1001	987	982	959	946	11641
4	530803	航空物流管理	2	4	11	19	29	40	52	58	63	64	60	59	461
5	530804	铁路物流管理	2	4	6	19	20	27	28	28	28	25	26	26	239
6	530805	冷链物流技术与管理	1	1	2	6	8	11	17	19	21	21	23	22	152
7	530806	港口物流管理	8	8	7	10	12	12	15	16	15	14	13	15	145
8	530807	工程物流管理	1	1	3	6	6	8	7	8	6	8	7	7	68
9	530808	采购与供应管理	9	8	9	15	13	11	14	19	19	18	17	13	165
10	530809	智能物流技术	9	9	12	20	22	29	30	38	38	43	51	57	358
11	530810	供应链运营	0	0	0	0	0	0	0	0	9	37	54	67	167
12	—	物流园区金融管理	1	2	2	0	0	0	0	0	0	0	0	0	5
13	—	物流金融管理	0	0	0	5	10	15	14	14	0	0	0	0	58
14	总计	—	979	1000	993	1088	1114	1147	1203	1216	1204	1233	1228	1230	13635

图 6-7　整理好的物流类专业历年的专业点数

（四）画图

画出图 6-3 中的两个子图的 Python 代码如下：

```
#导入要用到的类
import pandas as pd
import matplotlib.pyplot as plt
from pylab import mpl
import numpy as np
mpl.rcParams['font.sans-serif'] = ['SimHei'] #指定默认字体
plt.rcParams['axes.unicode_minus'] = False #解决负号显示问题
#读取数据
path=r'…\物流类专业\countSpecAndYear.xlsx'
data_speciality=pd.read_excel(path,sheet_name='Sheet2')
#==显示所有的专业==
marker_list='.,ov^<>*sph+xd'
spec_names=np.array(data_speciality.iloc\
[0:data_speciality.shape[0]-1,1])#专业名称
for i in range(data_speciality.shape[0]-1):
    plt.plot(range(2013,2025),\
        np.array(data_speciality.iloc\
            [i,2:data_speciality.shape[1]-1]),\
        marker=marker_list[i],label=spec_names[i])
plt.legend(loc='upper left')
plt.xlim(2013,2024)
#保存图形，即图 6-3（a）
plt.savefig('…/物流类专业/pic/AllSpeciality.jpg',\
    dpi = 500,bbox_inches = 'tight')
#==显示现代物流管理以外的其他专业==
plt.clf()
for i in range(data_speciality.shape[0]-1):
    if(str(spec_names[i])=="现代物流管理"):
        continue
    plt.plot(range(2013,2025),\
        np.array(data_speciality.iloc\
            [i,2:data_speciality.shape[1]-1]),\
        marker=marker_list[i],label=spec_names[i])
plt.legend(loc='upper left')
plt.xlim(2013,2024)
```

```
#保存图形，即图 6-3（b）
plt.savefig('.../物流类专业/pic/AllSpecialityExceptLog.jpg',\
    dpi = 500,bbox_inches = 'tight')
```

二、分省（自治区、直辖市）统计物流类专业的专业点数据

分省（自治区、直辖市）统计物流类专业的专业点数据，需要先用 SQL 语句统计数据，再用 Python 程序实现，最后制作出统计图。

（一）使用 SQL 语句分省（自治区、直辖市）统计物流类专业的专业点数据

（1）用 SQL 语句查询出 2021 年及之后的物流类专业的名录，SQL 语句如下：

```
--2021 版专业目录中，"5308"为物流类专业的二级专业类代码
select FirstTypeCode, SecondTypeCode, SpecialityCode, SpecialityName, SetYear
from SpecialitiyDict
where specialityCode like '5308%' and addyear>=2021
order by specialityCode
```

（2）找到 2021 版目录中专业对应在 2015 版目录中的专业。由于在前文中已介绍，这里不再赘述。后续再找 2015 年及以前的专业。最后，形成一个物流类专业的历年名录。通过这个名录，可以使用以下的 SQL 语句分省统计专业点数：

```
select Province.Provincename as provincename,count(*) as countNum\
from Province,Speciality
where Province.ProvinceCode = Speciality.ProvinceCode and
    ( SpecialityCode='专业代码 1' or …
        or SpecialityCode='专业代码 n')
        and MemYear=某年  group by provincename
```

（二）在 Python 中实现分省（自治区、直辖市）统计物流类专业的专业点数据并作图

完整的 Python 代码如下：

```
#导入要用到的类
import pandas as pd
from speciality.common.db import DbOperation as db
import numpy as np
dbo=db()
```

```
#==查询出要统计的专业==
#2021版专业目录中，"5308"为物流类专业的二级专业类代码
sql=" select FirstTypeCode, SecondTypeCode, SpecialityCode, \
SpecialityName, SetYear \
from SpecialitiyDict \
where specialityCode like '5308%' and addyear>=2021 \
order by specialityCode "logistics_speciality_all=pd.read_sql(sql, con=dbo.connection)
#==分专业进行专业点的统计==
#专业代码列表，形如[{[年份:专业代码,…],…,[年份:专业代码]},…]
speciality_codes=[]
for i in range(logistics_speciality_all.shape[0]):
    speciality_codes.append({})
    #==2021年以后的专业代码==
    speciality_codes[i].setdefault('2024',\
      [str(logistics_speciality_all.iloc[i,2])])
    speciality_codes[i].setdefault('2023',\
      [str(logistics_speciality_all.iloc[i,2])])
    speciality_codes[i].setdefault('2022',\
      [str(logistics_speciality_all.iloc[i,2])])
    speciality_codes[i].setdefault('2021',\
      [str(logistics_speciality_all.iloc[i,2])])
    #==2016—2020年的专业代码==
sql=" select CurrentSpecialityCode, Current_specialityName,\
    SourceSpecialityCode, SourceSpecialityName,\
    ExchangeAction, ExchangeYear\
    from SpecialityExchange \
    where current_special_code ='"+\
    str(logistics_speciality_all.iloc[i,2])+"'"
    and ExchangeYear=2021"
    midd_source_speciality=pd.read_sql(sql, con=dbo.connection)
    if(midd_source_speciality.empty or \
    str(midd_source_speciality.iloc[0,4])=='新增'):
        continue
    #如果有合并，表明前置有多个专业
    midd_speciality_codes_list=[]
    for j in range(midd_source_speciality.shape[0]):
        midd_speciality_codes_list.append(\
        str(midd_source_speciality.iloc[j,2]))
```

```
        speciality_codes[i].setdefault('2020',midd_speciality_codes_list)
        speciality_codes[i].setdefault('2019',midd_speciality_codes_list)
        speciality_codes[i].setdefault('2018',midd_speciality_codes_list)
        speciality_codes[i].setdefault('2017',midd_speciality_codes_list)
        speciality_codes[i].setdefault('2016',midd_speciality_codes_list)
        #==2015 及以前的专业代码==
        front_speciality_codes_list=[]
    for j in range(len(midd_speciality_codes_list)):
    sql="select CurrentSpecialityCode, Current_specialityName,\
        SourceSpecialityCode, SourceSpecialityName,\
        ExchangeAction, ExchangeYear \
        from SpecialityExchange \
        where CurrentspecialityCode ='"+\
        midd_speciality_codes_list[j]+"' and \
        ExchangeYear='2015'"
            front_source_speciality=pd.read_sql(sql, con=dbo.connection)
            if(front_source_speciality.empty or \
            str(front_source_speciality.iloc[0,4])=='新增'):
                continue
            for k in range(front_source_speciality.shape[0]):
                front_speciality_codes_list.append(\
                str(front_source_speciality.iloc[k,2]))
        speciality_codes[i].setdefault('2015',front_speciality_codes_list)
        speciality_codes[i].setdefault('2014',front_speciality_codes_list)
        speciality_codes[i].setdefault('2013',front_speciality_codes_list)
#==增加物流金融管理专业==
#物流园区金融管理
speciality_codes.append({})
speciality_codes[-1].setdefault('2013',['620118'])
speciality_codes[-1].setdefault('2014',['620118'])
speciality_codes[-1].setdefault('2015',['620118'])
#物流金融管理
speciality_codes.append({})
speciality_codes[-1].setdefault('2016',['630904'])
speciality_codes[-1].setdefault('2017',['630904'])
speciality_codes[-1].setdefault('2018',['630904'])
speciality_codes[-1].setdefault('2019',['630904'])
speciality_codes[-1].setdefault('2020',['630904'])
```

```python
#==根据年份统计全国的地理分布==
from logisMap import draw_pic
allData=None
for year in range(2013,2025):
    #找出当前的所有专业代码
    codes=[]
    for i in range(len(speciality_codes)):
        code_list=speciality_codes[i].get(str(year))
        if(code_list == None or len(code_list) == 0):
            continue
        for j in range(len(code_list)):
            code=code_list[j]
            if(code == None or len(code) == 0):
                continue
            codes.append(code)
#构建 sql 字符串
sql=" select Province.Provincename as provincename,count(*) \
as countNum    from Province,Speciality    \
where Province.ProvinceCode = Speciality.ProvinceCode and ("
    i=0
    for code in codes:
        if(i==0):
            sql+="SpecialityCode='"+code+"' "
            i+=1
            continue
        sql+="or SpecialityCode='"+code+"' "
        i+=1
    sql+=") and MemYear="+str(year)+" group by provincename "
    data_source=pd.read_sql(sql, con=dbo.connection)
    npdata=np.array(data_source)
    #整合数据
    if(year==2013):
        allData=npdata
    else:
        allData=np.c_[allData,npdata[:,1:2]]
#===作图==
import matplotlib.pyplot as plt
from pylab import mpl
```

```
mpl.rcParams['font.sans-serif'] = ['SimHei'] #指定默认字体
#折线图
marker_list='.,ov^<>12348*spPhH+xXdD'
line_style_list=['-','--','-.',':']
for i in range(allData.shape[0]):
    plt.plot(range(2013,2025),allData[i,1:],\
        marker=marker_list[i%len(marker_list)],\
        linestyle=line_style_list[i%len(line_style_list)],\
        label=allData[i,0])
plt.legend(bbox_to_anchor=(1.0,1.025),ncol = 2)
plt.xlim(2013,2025)
#保存图片（即图 6-4）
plt.savefig('.../物流类专业/pic/AllLineV2.jpg',\
    dpi = 500,bbox_inches = 'tight')
```

三、画图

图 6-5 有 2 个子图：图 6-5（a）为柱状图，图 6-5（b）为折线图，可以在一个 Python 程序中生成这 2 个子图。首先，制作如图 6-8 所示的分省（自治区、直辖市）的数据统计表。

	A	B	C	D	E	F	G	H	I
1	地区	2022年GDP/亿元	2022年GDP排名	2022年专业点数/个	2022年专业点数排名	2023年专业点数/个	2023年专业点数排名	2022年人口数量/万人	2022年人口数量排名
2	河南省	61345.1	5	104	1	108	1	9872	3
3	广东省	129118.6	1	98	2	102	2	12657	1
4	江苏省	122875.6	2	81	3	77	4	8515	4
5	山东省	87435.1	3	80	4	78	3	10163	2
6	四川省	56749.8	6	76	5	76	5	8374	5
7	安徽省	45045	10	76	5	67	6	6127	9
8	江西省	32074.7	15	58	7	57	8	4528	13
9	河北省	42370.4	12	53	8	53	9	7420	6
10	湖北省	53734.9	7	52	9	58	7	5844	10
11	陕西省	32772.7	14	49	10	47	10	3956	16
12	广西壮族自治区	26300.9	19	49	10	45	11	5047	12
13	浙江省	77715.4	4	42	12	43	12	6577	8
14	湖南省	48670.4	9	39	13	38	13	6604	7
15	福建省	53109.9	8	36	14	33	17	4188	15
16	重庆市	29129	16	36	14	37	14	3213	19
17	辽宁省	28975.1	17	35	16	35	15	4197	14
18	云南省	28954.2	18	35	16	34	15	4693	12

图 6-8　分省（自治区、直辖市）的数据统计表

画出如图 6-5（a）所示的柱状图的 Python 程序如下：

```
#导入要用到的类
from speciality.common.db import DbOperation
import pandas as pd
import numpy as np
```

```python
import matplotlib.pyplot as plt
from matplotlib.ticker import FuncFormatter
from pylab import mpl
from mpl_toolkits.axisartist.parasite_axes import HostAxes, \
ParasiteAxes
mpl.rcParams['font.sans-serif'] = ['SimHei'] #指定默认字体
plt.rcParams['axes.unicode_minus'] = False #解决负号显示问题
#加载数据
path=r'D:\校务工作\22 上\科研\全国教规\研究\物流类专业\allData.xlsx'
df =pd.read_excel(path,sheet_name='排名')
npdata= np.array(df)
npdata=npdata[:,0:9]
#==创建图和轴==
fig = plt.figure(figsize=(12,6),dpi=300) #定义 figure
#用[left, bottom, weight, height]的方式定义 axes, 0 <= l,b,w,h <= 1
ax_points=HostAxes(fig, [0, 0, 0.9, 0.9])
#增加右边的纵轴，共享左边纵轴
ax_gdp=ParasiteAxes(ax_points,sharex=ax_points)
ax_people=ParasiteAxes(ax_points,sharex=ax_points)
ax_points.parasites.append(ax_gdp)
ax_points.parasites.append(ax_people)
#让 ax_Speciality 部分位置（右和上）及其他图右边位置的轴由可见变为不可见
ax_points.axis['right'].set_visible(False)
ax_points.axis['top'].set_visible(False)
ax_gdp.axis['right'].set_visible(True)
ax_gdp.axis['right'].major_ticklabels.set_visible(True)
ax_gdp.axis['right'].label.set_visible(True)
#增加右边的轴
people_axisline = ax_people.get_grid_helper().new_fixed_axis
ax_people.axis['right2'] = people_axisline(loc='right', \
axes=ax_people, offset=(40,0))
fig.add_axes(ax_points)
#设置轴名称、刻度值的颜色
ax_gdp.axis['right'].label.set_color('red')
ax_people.axis['right2'].label.set_color('green')
ax_gdp.axis['right'].major_ticks.set_color('red')
ax_people.axis['right2'].major_ticks.set_color('green')
ax_gdp.axis['right'].major_ticklabels.set_color('red')
```

```
ax_people.axis['right2'].major_ticklabels.set_color('green')
ax_gdp.axis['right'].line.set_color('red')
ax_people.axis['right2'].line.set_color('green')
#==作柱状图==
width=0.8
ax_gdp.bar(\
    np.array(range(1,32))-width/3-width/3,\
    npdata[:,1],\
    width/3,color="red",\
    label="GDP/亿元")
ax_points.bar(\
    np.array(range(1,32))-width/3,\
    npdata[:,3],\
    width/3,color="black",\
    label="专业点数/个")
ax_people.bar(\
    np.array(range(1,32)),\
    npdata[:,7],\
    width/3,color="green",\
    label="人口数量/万人")
plt.xlim(0,32)
plt.xticks([])
for i in range(1,32):
    if(i % 3==0):
        plt.text(i-0.8,-3,npdata[:,0][i-1],size=8)
    if(i % 3==1):
        plt.text(i-0.8,-6,npdata[:,0][i-1],size=8)
    if(i % 3==2):
        plt.text(i-0.8,-9,npdata[:,0][i-1],size=8)
plt.legend()
#保存柱状图即图 6-5（a）
plt.savefig('.../物流类专业/pic/ChartsBar.jpg',\
    dpi = 500,bbox_inches = 'tight')
plt.show()
```

画出如图 6-5（b）所示的折线图的 Python 程序如下：

```
#导入要用到的类
from speciality.common.db import DbOperation
import pandas as pd
```

```python
import numpy as np
import matplotlib.pyplot as plt
from matplotlib.ticker import FuncFormatter
from pylab import mpl
from mpl_toolkits.axisartist.parasite_axes import HostAxes,\
ParasiteAxes
mpl.rcParams['font.sans-serif'] = ['SimHei'] #指定默认字体
plt.rcParams['axes.unicode_minus'] = False #解决负号显示问题
#加载数据
path=r'…\物流类专业\allData.xlsx'
df =pd.read_excel(path,sheet_name='排名')
npdata= np.array(df)
npdata=npdata[:,0:9]


#==创建图和轴==
fig = plt.figure(figsize=(12,6),dpi=300) #定义 figure
#用[left, bottom, weight, height]的方式定义 axes，0 <= l,b,w,h <= 1
ax_points=HostAxes(fig, [0, 0, 0.9, 0.9])
#增加右边的纵轴，共享左边纵轴
ax_gdp=ParasiteAxes(ax_points,sharex=ax_points)
ax_people=ParasiteAxes(ax_points,sharex=ax_points)
ax_points.parasites.append(ax_gdp)
ax_points.parasites.append(ax_people)
#让 ax_speciality 部分位置（右和上）及其他图右边位置的轴由可见变为不可见
ax_points.axis['right'].set_visible(False)
ax_points.axis['top'].set_visible(False)
ax_gdp.axis['right'].set_visible(True)
ax_gdp.axis['right'].major_ticklabels.set_visible(True)
ax_gdp.axis['right'].label.set_visible(True)
#增加右边的轴
people_axisline = ax_people.get_grid_helper().new_fixed_axis
ax_people.axis['right2'] = people_axisline(loc='right',\
        axes=ax_people,offset=(40,0))
fig.add_axes(ax_points)
#设置轴名称、刻度值的颜色
ax_gdp.axis['right'].label.set_color('red')
ax_people.axis['right2'].label.set_color('green')
```

```
ax_gdp.axis['right'].major_ticks.set_color('red')
ax_people.axis['right2'].major_ticks.set_color('green')
ax_gdp.axis['right'].major_ticklabels.set_color('red')
ax_people.axis['right2'].major_ticklabels.set_color('green')
ax_gdp.axis['right'].line.set_color('red')
ax_people.axis['right2'].line.set_color('green')
#==作折线图==
width=0.8
ax_gdp.plot(\
    np.array(range(1,32)),\
    npdata[:,1],color="red",ls="-",marker="^",\
    label="GDP/亿元")
ax_points.plot(\
    np.array(range(1,32)),\
    npdata[:,3],color="black",ls="--",marker="<",\
    label="专业点数/个")
ax_people.plot(\
    np.array(range(1,32)),\
    npdata[:,7],color="green",ls="-.",marker="s",\
    label="人口数量/万人")
plt.xlim(0,32)
ax_gdp.set_ylim(0,)
ax_people.set_ylim(0,)
plt.ylim(0,)
plt.xticks([])
for i in range(1,32):
    if(i % 3==0):
        plt.text(i-0.8,-3,npdata[:,0][i-1],size=8)
    if(i % 3==1):
        plt.text(i-0.8,-6,npdata[:,0][i-1],size=8)
    if(i % 3==2):
        plt.text(i-0.8,-9,npdata[:,0][i-1],size=8)
plt.legend()
#保存折线图，即图6-5（b）
plt.savefig('.../物流类专业/pic/ChartsLine.jpg',\
    dpi = 500,bbox_inches = 'tight')
plt.show()
```

本 章 小 结

从高职专科专业目录的 2 次变迁来看，2016 年在财经商贸大类中设置了物流类专业，至 2024 年物流类专业已拥有 10 个专业，并且专业的设置逐步得到完善。从变迁的情况来看，现代物流管理专业"一专独大"的情况逐步得到改善，反映专业物流、有较高现代气息和技术含量的专业得到发展，物流类专业的点数也从 2013 年的 979 个专业点增长至 2024 年的 1230 个专业点。

在 2024 年物流类专业的布局呈现出诸多的特征：在专业布局上，现代物流管理专业占比下降到 76.91%；航空物流管理专业、智能物流技术专业、供应链运营专业的专业点数增长迅速；工程物流管理专业、港口物流管理专业、采购与供应管理专业增长缓慢；物流金融管理专业已经被调出；水运、铁运、航运这 3 种交通运输方式对应的物流类专业仍有较大的发展空间；在地理布局上，专业点布局呈现"入"字特征，前 3 名有变、后 3 名不变，增长率第 4 名比第 5 名高出不少，8 个省份出现负增长现象。

经过分析，本书作者带领的研究团队认为，使得现代物流管理专业"一专独大"的主要原因是历史延续、专业交叉、办学成本较低。航空物流管理、铁路物流管理、港口物流管理、工程物流管理、物流金融管理、采购与供应管理这 6 个专业定位不明。影响物流类专业的地理布局的主要因素是人口因素和经济因素。为此，本书提出调整专业大类和二级类、调整综合物流类专业目录内的专业、发展现代物流管理专业以外的其他物流类专业、加快在物流发达区域的物流类专业点布局这 4 点对策建议。

本章参考文献

[1] 陈子季. 编好用好新版职业教育专业目录服务"十四五"高质量发展[J]. 中国职业技术教育，2021（7）：5-8.

[2] 许世建. 新版专业目录支撑职业教育类型定位的逻辑理路研究[J]. 中国职业技术教育，2022（5）：15-20.

[3] 郭燕，王强，方绪军. 职业教育专业适应性发展的内在逻辑与应然选择[J]. 成人教育，2021，41（12）：65-72.

[4] 史少杰. 新业态视域下专业与职业的互动：以职业教育新版专业目录为例[J]. 中国职业技术教育，2023（9）：28-35.

[5] 杨欣斌，梁召峰，池瑞楠. 职业教育电子与信息大类专业转型升级略观：职业教育专业目录与简介解读[J]. 中国职业技术教育，2023（8）：19-27.

[6] 龚方红，唐立平，吴慧媛. 把握四新要义推进专业数字化升级：《职业教育专业目录（2021年）》装备制造大类解析[J]. 中国职业技术教育，2021（14）：5-10.

[7] 胡兴福，邓林. 对接新时代建筑行业发展新需求引领土木建筑类专业改造升级：《职业教育专业目录（2021）》土木建筑大类解析[J]. 中国职业技术教育，2021（14）：11-15.

[8] 江洧，钱武，何良胜. 紧扣国家发展战略助力能源动力与材料行业发展新征程：《职业教育专业目录（2021年）》能源动力与材料大类解析[J]. 中国职业技术教育，2021（7）：20-24.

[9] 邓华. 新版专业目录视域下高职院校专业的价值定位、编制机理及推进途径[J]. 教育与职业，2022（2）：91-96.

[10] 宋亚峰. 高职专业目录与职业分类目录的谱系变迁研究：基于历年《专业目录》与《职业分类大典》的文本分析[J]. 职业技术教育，2021，42（7）：25-30.

[11] 史文晴. 我国职业教育专业目录设置中的问题与对策研究[D]. 上海：华东师范大学. 2021.

[12] 杨宜，王艳.《职业教育专业目录（2021 年)》《职业教育专业简介（2022 年修订)》如何高质量落地：以财经商贸大类为例[J]. 中国职业技术教育，2023（8）：12-18.

[13] 李薪茹. 面向产业需求的我国高职院校专业结构调整研究：以人工智能（类）专业为例[D]. 天津：天津大学，2020.

[14] 邓子云. 全国高职专科电子商务类专业点布局的大数据分析[J]. 职业技术教育，2021，42（5）：21-25.

[15] 徐辉，朱倩倩. 新版专业目录指导下导游专业内涵变迁与人才培养创新研究[J]. 教育与职业，2022（2）：97-102.

[16] 徐秀玉，张春霞."一核一带一区"背景下广东省高职旅游专业结构与产业布局适应性研究[J]. 职业技术教育，2022，43（23）：24-29.

[17] 王鹏，张晨. 我国农林类高职高专分布特点、成因及布局优化建议[J]. 湖北社会科学，2022（3）：139-147.

[18] 邓子云. 我国"十三五"时期高职专科专业点的数据分析及调整对策[J]. 职业技术教育，2021，42（23）：27-33.

[19] 段甜甜. 提质培优背景下江西高职院校专业设置的现状研究[D]. 南昌：江西科技师范大学.

[20] 程智宾，钟文强. 数字经济背景下福建省职业教育专业建设与产业发展匹配度研究[J]. 教育与职业，2023（11）：50-56.

[21] 李春鹏. 职业教育专业结构与区域产业结构适应性研究：以广西壮族自治区为例[J]. 职业技术教育，2022，43（20）：6-10.

[22]　朱永祥，程江平，麻来军. 人才供给视角下浙江省高职专业布局的实证分析[J]. 中国职业技术教育，2021（5）：46-55.

[23]　马红波，孙婕，吴砚峰等. 行业人才需求与职业院校专业设置匹配分析研究：以冷链物流行业为例[J]. 中国职业技术教育，2022（2）：78-84+96.

第七章 高职院校举办本科层次职业教育专业的政策问题与对策研究

当前高等职业教育被认为是专科教育的"天花板"。突破这一"天花板"的关键是发展本科层次职业教育。截至 2024 年 2 月,我国已有 35 所职业大学,这些职业大学共计举办 732 个本科层次职业教育专业,2023 年招生 9.71 万人。高职院校已开展了大量"3+2""4+0"等形式的联办本科探索,2023 年江苏省、浙江省、广东省、湖南省、山东省 5 省共计安排招生计划约 2.86 万人。

尽管《中华人民共和国职业教育法》和《本科层次职业教育专业设置管理办法(试行)》(教职成厅〔2021〕1 号)支持高职院校举办本科层次职业教育专业,但一直未能取得突破。究其根本原因:《中华人民共和国高等教育法》不支持高职院校举办本科层次职业教育专业;缺乏政策文件支持高职院核颁发本科学历和获得学士学位授予权。

根据高职院校已探索举办的联办本科情况,虽取得了本科教育的一些举办经验,但仍然存在不少问题,且这种形式举办的并非真正意义上的本科层次职业教育专业。为了解决高职院校举办本科层次职业教育专业的政策问题,本书作者带领的研究团队建议修订《中华人民共和国高等教育法》,使《中华人民共和国高等教育法》与《中华人民共和国职业教育法》在支持"高职院校举办本科层次职业教育"上表述一致;建议完善本科层次职业教育学位授予的相关文件,使高职院校也能获得学士学位授予权;出台可操作的制度文件用以遴选高职院校举办本科层次职业教育的专业;继续允许联办本科,出台备案制政策及逐步退出政策,使高职院校走向自己举办本科层次职业教育专业的道路,从而优化现代职业教育体系,实现"纵向贯通"。

第一节　分析现有的支持政策

目前，我国已经建成世界上规模最大、独具特色的职业教育体系。习近平总书记对职业教育工作作出重要指示强调，在全面建设社会主义现代化国家新征程中，职业教育前途广阔、大有可为。党的二十大报告提出"职普融通、产教融合、科教融汇"。2022 年 12 月，中共中央办公厅、国务院办公厅出台《关于深化现代职业教育体系建设改革的意见》（中办发〔2022〕65 号），将通过"一体、两翼、五重点"的主要任务来建设现代职业教育体系。这些举措都激励着职业教育从业者不断地锐意进取、改革创新。

要构建起现代职业教育体系，必然要解决高等职业教育是专科层次教育的"天花板"这一现状，让接受职业教育的广大学子拥有接受更高层次教育的通道。我国已有一些应用型普通本科院校和职业大学（或称为职业技术大学，特指本科层次的高等职业学校，以下统称"职业大学"）在举办本科层次职业教育。高职院校能否举办本科层次职业教育？本章所说的高职院校特指专科层次的高等职业学校（含高等专科学校），通常名称后缀为职业技术学院（或职业学院、高等专科学校）。2022 年 4 月颁布的《中华人民共和国职业教育法》已表明高职院校经审批后可以实施本科层次职业教育。距《中华人民共和国职业教育法》颁布已经过去一年多，高职院校也做出了一些与普通本科院校联合举办本科教育（以下简称为"联办本科"）的探索，但高职院校举办本科层次职业教育却仍未能取得突破。原因到底是什么？有什么办法能解决这些问题？

一、相关研究

根据 CNKI 中的期刊论文，有关高职院校举办本科层次职业教育的论文处于空白状态，但有一些政协委员、人大代表在关注。如 2023 年 8 月 25 日教育部公布的《对十四届全国人大一次会议第 3471 号建议的答复》（教职成建议〔2023〕128 号）中指出"研究专科层次高等职业学校设置本科层次职业教育专业的行政许可、受理条件和办理流程，着力破解机制障碍、打通政策堵点、弥补制度空白，扩大高层次技术技能人才培养规模"。CNKI 中有一些关于现代职业教育体系、本科层次职业教育学士学位、职业大学举办本科层次职业教育专业、联办本科等方面的研究，对本章分析高职院校举办本科层次职业教育未能取得突破的原因有所帮助。因为职业大学均从高职院校升格而来，联办本科的探索是高职院校举办本科专业的早期尝试。本章将直面上述 2 个问题，从支持政策、探索现状、问题原因、对策建议 4 个方面展开讨论。

二、支持政策分析

如图 7-1 所示，针对"高职院校举办本科层次职业教育专业"在支持政策上存在有利因素，也存在不利因素，不少省份正在积极探索颇具争议但仍在不断扩大规模的"联办本科"。下面先分析支持政策的有利因素。

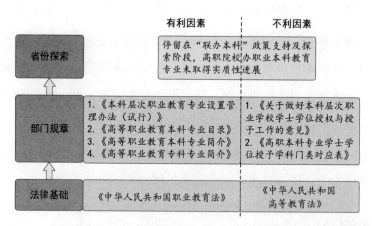

图 7-1　对于高职院校举办本科层次职业教育专业的有利因素和不利因素

（一）《中华人民共和国职业教育法》作为法律支持

《中华人民共和国职业教育法》中明确指出："专科层次高等职业学校设置的

培养高端技术技能人才的部分专业，符合产教深度融合、办学特色鲜明、培养质量较高等条件的，经国务院教育行政部门审批，可以实施本科层次的职业教育。"那何谓产教深度融合、办学特色鲜明、培养质量较高？作者认为，没有必要再建立一套评价指标来评价高职院校的哪些专业可以实施本科层次职业教育，可直接使用《本科层次职业教育专业设置管理办法（试行）》（以下简称《办法》）来进行评判。

（二）《办法》作为制度支持

2021年1月，教育部出台的《办法》就举办本科层次职业教育专业的学校及所依托的专业应具备的条件进行了详细的规定，也明确了专业设置的程序。《办法》表明举办本科层次职业教育的主体为高等学校，并未将主体范围仅划定为职业大学和应用型普通本科院校。而且，《办法》中还指出"符合条件的高等职业学校（专科）设置本科层次职业教育专业总数不超过学校专业总数的30%，本科层次职业教育专业学生总数不超过学校在校生总数的30%"。从条件上来说，高职院校普遍在长期坚持办学的特色、优势专业上具备较好的基础，但较难达到《办法》中"具有博士研究生学位专任教师比例不低于15%"这个条件。这也直接导致了当前高职院校普遍为举办本科层次职业教育专业而加大引进博士的力度。

（三）专业目录作为申报参考

根据2021年版《高等职业教育本科专业目录》（教职成厅〔2021〕2号）和全国职业院校专业设置管理与公共信息服务平台（以下简称"专业设置平台"）提供的相关数据分析，目前使用的本科层次职业教育专业目录与专科层次职业教育专业目录大类一致，共为19个专业大类281个本科层次职业教育专业。根据《高等职业教育本科新旧专业对照表》《高等职业教育本科专业简介》《高等职业教育专科专业简介》，可梳理出每个本科层次职业教育专业前接高职专科层次职业教育专业及后续硕士研究生层次专业。以烹饪与餐饮管理专业（专业代码：340201）为例，衔接关系如图7-2所示。

（四）双高专业作为备选专业

入选"双高计划"的专业群内专业，特别是核心专业，是职业教育界普遍认可的高职院校高水平专业。目前，国家层面的第一轮"双高计划"专业共入选197所学校、253个专业群、1098个专业。下一轮的遴选预计会在2024年上半年完成。与此同时，各省份也启动了省级层面的"双高计划"建设项目。作者认为，可以按照"国家'双高计划'专业群内核心专业→国家'双高计划'专业群内其他专业→省'双高计划'专业群内核心专业→省'双高计划'专业群内其他专业"的优先级顺序作为高职院校申报的基础专科专业，通过如图7-2所示的类似关系图找出可申报的本科层次职业教育专业。

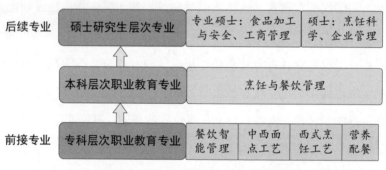

图 7-2　本科层次职业教育烹饪与餐饮管理专业的前接及后续专业

第二节　分析高职院校探索举办本科层次职业教育的现状

高职院校举办本科层次职业教育虽未能取得突破，但仍需对高职院校探索举办本科专业的情况进行梳理，以便后续分析原因，找出问题所在。要彻底梳理清楚探索的现状，需从现代职业教育体系的现状切入分析，从中等职业教育、专科层次职业教育、本科层次职业教育的通道入手（总体情况如图7-3所示），再了解已探索的联办本科情况。作者认为，联办本科是高职院校举办本科层次职业教育的有益探索及早期雏形。

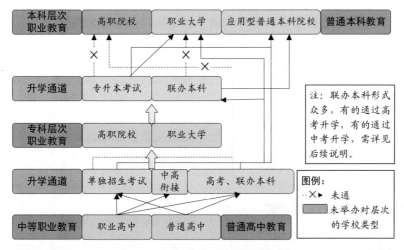

图 7-3　当前的职业教育通道情况

一、中等教育的升学通道较多

无论是职业高中，还是普通高中，学生均可通过单独招生考试、高考升学至从事专科层次职业教育的高职院校和职业大学学习。职业高中的学生还可通过中高职衔接方式的转段考试后进入专科层次职业教育阶段，通常为"3+2"形式，即联合制订 5 年人才培养方案，前 3 年在职业高中培养，后 2 年在高职院校或职业大学培养。

中等教育的学生均可通过单独招生考试和高考进入本科层次职业教育阶段学习，其中单独招生考试通常只允许本省考生参加，故考生只能在本省拥有参加单独招生考试就读本科层次职业教育专业的机会，如河南省、海南省等。实际上由于参加单独招生考试的学生数量逐年增大，单独招生考试将逐步演变为单独的职业教育高考。以湖南省为例，2023 年，单独招生考试的招生名额已达 15.85 万人，这些学校当前高考招生人数为 17.41 万人，比例约为 0.91∶1，可见招生规模已基本相当。

二、专科层次职业教育的升学通道有限

首先，学生通过专升本考试可进入应用型普通本科院校和职业大学就读本科

层次职业教育专业。其中，应用型普通本科院校既可举办本科层次职业教育，又可举办应用型本科教育，因此，通过专升本考试，学生还可以转入到应用型本科专业学习；由于职业大学较少，在没有职业大学的省份，学生暂时还不能通过专升本考试进入职业大学学习。

其次，由于目前没有高职院校举办本科层次职业教育专业，专科层次职业教育的学生不能进入高职院校就读本科层次职业教育专业。

三、联办本科的现状分析

联办本科特指中职学校、高职院校与普通本科院校合作举办本科层次职业教育，通常合作的院校为应用型普通本科院校。在北京、江苏、浙江、上海、山东、广东、江西、湖南等省（直辖市）已经进行了大量探索，主要合作形式如表7-1所示。

表7-1　联办本科的合作形式

形式	形式说明	合作举例
"4+0"	1. 学生通过高考录取 2. 学生4年均在高职院校培养 3. 学生毕业后由合作的普通本科院校颁发本科学历和学士学位 4. 学生注册普通本科院校学籍 5. 人才培养方案兼有职业高等教育和普通高等教育特征，需经普通本科院校批准后实施	通过湖南省教育厅组织实施的"楚怡工匠计划"，长沙商贸旅游职业技术学院与湖南农业大学联办食品科学与工程本科专业。2023年该专业首批招收99名高考生。该批学生4年全程在长沙商贸旅游职业技术学院培养
"3+4"	1. 学生通过中考录取 2. 学生前3年在中职学校培养，后4年在普通本科院校培养 3. 学生在第3年需参加转段考试，考试通过后进入本科培养阶段；未通过视为中职毕业。完成所有培养环节后，由合作的普通本科院校颁发本科学历和学士学位 4. 学生在相应学段注册相应学籍 5. 人才培养方案由合作双方联合制订	通过江苏省教育厅组织实施的"现代职业教育体系贯通培养项目"，南京晓庄学院和南京市浦口区中等专业学校合作联办专业。前3年专业为计算应用中职专业；后4年专业为数据科学与大数据技术普通本科专业。2022年该项目招生25人。该批学生前3年在南京市浦口区中等专业学校培养，转段考试（须参加省中职职教高考公共基础知识考试）通过后的后4年在南京晓庄学院培养

续表

形式	形式说明	合作举例
"3+2"	1. 学生通过高考录取 2. 学生前 3 年在高职院校培养，后 2 年在普通本科院校培养 3. 学生在第 3 年需参加转段考试，考试通过后进入本科培养阶段；未通过视为高职大专毕业。完成所有培养环节后，由合作的普通本科院校颁发本科学历和学士学位 4. 学生在相应学段注册相应学籍 5. 人才培养方案由合作双方联合制订	通过山东省教育组织实施的"职业院校与本科高校对口贯通分段培养试点任务"，山东商业职业技术学院和齐鲁工业大学合作联办专业。前 3 年专业为物联网应用技术高职专业，后 2 年为物联网工程普通本科专业。2023 年该专业招生 80 人，前 3 年在山东商业职业技术学院，转段考试通过后的后 2 年在齐鲁工业大学培养
"5+2"	1. 学生通过单独招生或中考录取 2. 学生前 5 年及后 2 年在哪所学校培养需看项目具体合作情况 3. 学生在第 5 年需参加转段考试，考试通过后进入本科培养阶段；未通过视为高职大专毕业。完成所有培养环节后，由合作的普通本科院校颁发本科学历和学士学位 4. 学生在相应学段注册相应学籍 5. 人才培养方案由合作双方联合制订	通过江苏省教育厅组织实施的"现代职业教育体系贯通培养项目"，盐城师范学院和盐城幼儿师范高等专科学校合作联办专业。前 5 年专业为小学教育高职专业；后 2 年为小学教育普通本科专业。2023 年该专业招生 69 人，7 年均在盐城幼儿师范高等专科学校培养

图 7-3 中，联办本科在中等教育和专科层次职业教育的升学通道中均存在，情况稍显复杂。根据表 7-1，合作形成主要有"4+0""3+4""3+2""5+2"等联办情况，统计数据如表 7-2 所示。根据统计数据，联办本科的规模稳步小幅增长，"3+2"形式较多（2023 年占比为 60.41%），广东省增长较快，浙江省、北京市呈下降趋势，江苏省近 4 年每年都试点上万人规模；联办本科参与的学校数量众多，合作的普通本科院校和高职院校在合作的专业办学水平上通常差距较小，以化解可能的舆情带来的改革压力。

表 7-2　联办本科的招生计划统计数据　　　　　单位：人

形式	年份	北京市	江苏省	浙江省	广东省	湖南省	山东省	合计
"4+0"（高本）	2019	0	27	1500	2068	0	1720	5315
	2020	0	1680	0	2186	0	0	3866
	2021	0	1795	0	2000	0	0	3795
	2022	0	2670	0	2035	0	0	4705
	2023	0	1470	0	600	1320	0	3390
"3+4"（中本）	2019	0	62	1530	0	0	2990	4582
	2020	0	105	1530	0	0	2690	4325
	2021	0	1450	1101	0	0	2205	4756
	2022	0	1260	1530	0	0	2205	4995
	2023	0	1094	979	0	0	955	3028
"3+2"（高本）	2019	0	92	0	0	0	5320	5412
	2020	0	6059	0	1652	0	4880	12591
	2021	0	7259	0	1885	0	4690	13834
	2022	0	9271	0	1193	0	4730	15194
	2023	0	9486	0	5883	0	3850	19219
"5+2"（中本）	2019	4020	0	0	0	0	1835	5855
	2020	3050	4421	0	0	0	0	7471
	2021	2810	5501	0	0	0	0	8311
	2022	2810	1183	0	0	0	1870	5863
	2023	2810	1300	0	0	0	2069	6179
合计	2019	4020	181	3030	2068	0	11865	21164
	2020	3050	12265	1530	3838	0	7570	28253
	2021	2810	16005	1101	3885	0	6895	30696
	2022	2810	14384	1530	3228	0	8805	30757
	2023	2810	13350	979	6483	1320	6874	31816

四、职业大学举办本科层次职业教育已经铺开

截至 2024 年 2 月 16 日，教育部正式批准设置的职业大学有 35 所，35 所本科层次职业大学分布在全国 21 个省（自治区、直辖市）。其中，广东省、河北省、江西省、山东省各 3 所，甘肃省、广西壮族自治区、山西省、陕西省、四川省、浙江省各 2 所，吉林省、福建省、贵州省、海南省、江苏省、河南省、湖南省、辽宁省、新疆维吾尔自治区、上海市、重庆市各 1 所。北京市、天津市、湖北省、内蒙古自治区等 10 个省（自治区、直辖市）目前没有职业大学。

本科层次职业教育专业招生计划数及专业点数、专科层次职业教育专业招生计划数及专业点数如表 7-3 所示。由此可见，职业大学 2023 年举办本科层次职业教育与专科层次职业教育专业招生计划数比约为 1.3:1，专业点数比约为 0.67:1。这表明职业大学将趋向于以举办本科层次职业教育专业为主、专科层次职业教育专业为辅。

表 7-3 2023 年职业大学招生计划数及专业点数

省（自治区、直辖市）	本科层次		专科层次	
	招生计划数/人	专业点数/个	招生计划数/人	专业点数/个
江西省	10175	99	1121	10
山东省	7555	83	9357	98
广东省	9309	57	6432	116
河北省	9130	68	5962	114
浙江省	6380	43	849	41
广西壮族自治区	12281	55	12567	126
陕西省	4634	42	8147	77
甘肃省	3322	53	2903	90
山西省	9657	42	3861	29
四川省	2782	21	2103	87
吉林省	0	0	3110	51

续表

省份（自治区、直辖市）	本科层次		专科层次	
	招生计划数/人	专业点数/个	招生计划数/人	专业点数/个
福建省	1595	20	178	20
河南省	4500	22	1300	30
海南省	3353	26	4051	36
重庆市	2903	22	1710	28
辽宁省	1534	9	1793	26
上海市	1976	20	5162	45
湖南省	1780	11	400	5
贵州省	2316	17	1550	45
新疆维吾尔自治区	2222	18	1276	31
江苏省	3550	30	2732	16
合计	97082	732	74371	1090

在有联办本科及职业大学的江苏省、浙江省、广东省、湖南省、山东省，2023年本科层次职业教育与联办本科的招生人员比分别约为0.27:1、6.51:1、1.44:1、1.35:1、1.18:1，总体规模基本相当。

五、关于办学规模的讨论

根据中共中央办公厅、国务院办公厅在2021年印发的《关于推动现代职业教育高质量发展的意见》（中办发〔2021〕43号），到2025年，本科层次职业教育招生规模不低于高等职业教育招生规模的10%。根据2023年数据分析，职业大学招生计划数9.71万人，高等职业教育招生555.07万人，仅占1.75%，与10%相差甚远。即便把联办本科招生规模数计入本科层次职业教育招生规模数（按1:1计入），本科层次职业教育招生规模也仅占高等职业教育招生规模的3.5%。这意味着到2025年如果要达到10%的占比，本科层次职业教育招生规模占比至少要提高6.5个百分点。按现有专科层次职业教育招生规模测算，即便不再扩大招生规模，到 2025 年本科层次职业教育招生规模也要达到约 56 万人，是现有招生规模的 6 倍。因此，如果高职院校能举办本科层次职业教育专业，将对扩大本科层次职业教育规模有所帮助。

第三节　分析难以突破的政策原因

为什么高职院校办本科层次职业教育专业一直未能取得突破，停留在探索联办本科阶段？如图 7-2 所示，法律和部门规章等因素是关键的掣肘。

一、《中华人民共和国高等教育法》对此有掣肘

据 2018 年 12 月修订后的《中华人民共和国高等教育法》，其中指出"大学、独立设置的学院主要实施本科及本科以上教育。高等专科学校实施专科教育""本法所称高等学校是指大学、独立设置的学院和高等专科学校，其中包括高等职业学校和成人高等学校"。这里需要逐步讨论：

（1）高等职业院校的分类归属问题。《中华人民共和国高等教育法》中所称"高等职业学校"既有专科层次，又有本科层次，分别应该属于大学、独立设置的学院、高等专科学校中的哪一类？由于职业教育发展和变化的速度较快，《中华人民共和国高等教育法》确实没有涵盖到职业教育发展的新情况。作者认为，按层次的归属、教育行政部门的管理归口等因素来考虑，本科层次的高等职业学校名称上为职业大学，理应与《中华人民共和国高等教育法》中的"大学"同等地位，专科层次的高等职业学校应与高等专科学校同等地位。

（2）高职院校只能举办专科教育？从法理、法律位阶来看，《中华人民共和国高等教育法》与《中华人民共和国职业教育法》均应属于教育法的范畴，即《中华人民共和国高等教育法》《中华人民共和国职业教育法》均为《中华人民共和国教育法》的二级部门法。如果具有平行地位的 2 种法表述冲突时，应以哪个为准？

高等职业教育既要遵循《中华人民共和国职业教育法》，又要遵循《中华人民共和国高等教育法》。如果以时间上更新的《中华人民共和国职业教育法》为准，则应修订《中华人民共和国高等教育法》；如果以《中华人民共和国高等教育法》为准，则高职院校不能举办本科层次职业教育。

（3）作者偏向于支持《中华人民共和国职业教育法》表述的理由：一是因为《中华人民共和国职业教育法》更新，更新的平行法规自然支持更新的发展情况，从冲突的处理原则上来说，也应以新的表述为准；二是因为应顺势而为，从前述分析来看，联办本科是各省积极探索的结果，也是高职院校自发的、内在的发展诉求，宜顺应自然发展趋势进行引导和规范，而不宜轻易阻止。根据数据分析，即便不放开高职院校举办本科层次职业教育专业的限制，联办本科的规模也会越办越大。

二、高职院校授予学士学位的办法仍然缺位

（1）规章上有限制。2021 年 11 月，国家层面出台了《关于做好本科层次职业学校学士学位授权与授予工作的意见》（学位办〔2021〕30 号，以下简称《意见》），这标志着职业大学授予学士学位有了依据。自此，陆续有职业大学经审批成为本科层次职业教育学士学位授予单位。然而，《意见》中规定"申报本科层次职业教育学士学位授权的学校须为教育部批准的本科层次职业学校"，这一表述表明高职院校不能拥有学士学位授予权。

（2）职业大学尚在探索。2023 年 1 月，教育部发布了《高职本科专业学士学位授予学科门类对应表》。2023 年 6 月，第一批本科层次职业教育毕业生获得学士学位，这成为本科层次职业教育发展史上的里程碑事件。本科层次职业教育学士学位的授予还属于新生事物，在实际操作过程中，存在"学术漂移"职业教育学科体系尚未建立完整等问题，目前仍处于探索阶段。

综上可见，现有的教育部规章体系中并未考虑高职院校举办本科层次职业教育专业时的学士学位授予问题。要想让在高职院校就读本科层次职业教育专业的

学生获得学士学位，需要出台专门的办法或修订已有的《意见》来打通获取通道。

三、联办本科专业并非真正的本科层次职业教育专业

从上述数据分析来看，部分省份探索联办本科已有较好的经验积累，体现出探索职普融通、高职院校举办本科层次职业教育的明显趋势。但是，联办本科实际上处在一个政策的模糊地段，国家层面没有明确的政策支持。联办本科的专业终究不是真正意义上的本科层次职业教育专业，实际操作时也碰到不少问题。

（1）高职院校不能颁发本科学历和授予学士学位。一方面，从上述分析可知，国家层面政策的模糊和互相矛盾，导致地方只能大胆地自主探索。另一方面，从探索较早的江苏、浙江、山东等省份，到2023年开始探索的湖南省，无一不碰到一个现实且尴尬的问题：高职院校不能颁发本科学历和学士学位。

（2）联办本科专业的定位有所摇摆。由于联办本科颁发的是普通本科院校的本科学历和学士学位，通常人才培养方案需要合作的普通本科院校审批，必须要遵循普通本科教育的标准和要求。

（3）遵循的专业目录不同且专业名称不同。本科层次职业教育和普通本科教育有不同的专业目录，前者按"专业大类→专业二级类→专业"的方式编制，后者按"学科门类→学科二级类→专业"的方式编制。

（4）人才的培养定位与凝练的课程方法不同。本科层次职业教育专业的培养定位是高层次技术技能人才。目前，比较通用的做法是面向职业岗位凝练出要掌握的技术技能，再经过分析研究得出可以在学校和合作企业完成的教学内容，最后形成课程。这与普通本科教育的学科课程体系自然有所区别。

（5）两者对实践的要求不同。普通本科教育专业，特别是应用型本科专业，在学科专业课程的基础上，会加强对应用知识及技能的培养，减少理论知识的学习；本科层次职业教育讲究产教融合、生产性实战，在加宽理论知识学的基础上，仍然保持职业教育"岗位、课程、技能比赛、技能证书、创新创业"融合的课程

特色，更为注重对学生实践能力的培养。应用型普通本科专业相对本科层次职业教育专业的课程结构更接近一些，需要高职院校和普通本科院校深度合作构建课程体系。为了规范办学并为高职院校举办本科层次职业教育打好基础，湖南省教育厅出台了《湖南省"楚怡工匠计划"试点工作管理办法》，要求人才培养方案中的实践课时比例达到40%，具备一定的职业教育办学理念。

（6）办学经费仍有短缺。根据作者及所在的研究团队调研访谈的情况，采取分阶段培养形式（如"3+2""3+4""5+2"）更容易区分办学经费来源。当前阶段在哪所学校培养就由哪所学校收取学费及其他费用，财政拨款经费也拨付给这所学校。如果采取一直在高职院校培养的形式（如"4+0"），由于学生要注册为普通本科院校的学籍，且需要普通本科院校承担部分培养工作，关于培养经费的划分有的省份采取"普通本科院校获得财政拨款，高职院校收取学费"的办法，有的省份采取"普通本科院校获得财政拨款，高职院校收取学费再行分成"的办法，但均会导致高职院校办学经费的不足。

（7）存在的其他问题。合作过程中还存在合作的高职院校和普通本科院校管理方式不同、奖学金评定不便落实、教育部本科教学评估需占用数据、学生管理存在多个学生证等问题，需要合作双方进行紧密配合。

总体而言，联办本科并不是高职院校举办本科层次职业教育的真正突破，但确实为高职院校举办本科层次职业教育专业积累了经验，一定程度体现了"职普融通"理念。

第四节　提出解决问题的对策

综合上述分析，作者认为高职院校举办本科层次职业教育专业已具备一定的法律基础和国家层面的顶层制度设计支持，但尚需从政策上予以全面支持。建议从以下方面予以完善：

一、修订《中华人民共和国高等教育法》

建议全国人大启动修订《中华人民共和国高等教育法》，修订后的《中华人民共和国高等教育法》与《中华人民共和国职业教育法》保持一致。

（1）明确两法的平等地位。《中华人民共和国职业教育法》中明确职业教育是与普通教育具有同等重要地位的教育类型。党的二十大报告中提出应"职普融通"。综合来看，两种教育类型既应平等又应相互融通。为适应高等职业教育的发展，理应明确《中华人民共和国高等教育法》和《中华人民共和国职业教育法》具有平等地位。

（2）应准确表述举办者。建议将"大学、独立设置的学院主要实施本科及本科以上教育。高等专科学校实施专科教育"修订为"大学（含职业大学）、独立设置的学院主要实施本科及本科以上教育，专科层次的高等职业学校部分专业经国务院教育行政部门批准可以实施本科层次职业教育"。这样，可为普通本科院校举办本科层次普通教育和本科层次职业教育，以及职业大学举办本科层次普通教育和本科层次职业教育均留足政策空间，体现"职普融通"理念。

（3）应明确高等学校的范围。建议将"本法所称高等学校是指大学、独立设置的学院和高等专科学校，其中包括高等职业学校和成人高等学校"修订为"本法所称高等学校是指大学（含职业大学）、独立设置的学院，以及高等职业学校、高等专科学校和成人高等学校"。

二、完善本科层次职业教育学位授予相关文件

有3种策略实现高职院校培养的本科层次职业教育专业学生获得学士学位：

（1）修订已出台的《意见》。可改为《关于做好高等职业学校学士学位授权与授予工作的意见》，将职业大学和高职院校关于学士学位的授予在同一文件中进行规范。

（2）专门出台新的政策文件。建议教育部专门出台《关于做好专科层次高等职业学校学士学位授权与授予工作的意见》。建议仍由省级学位委员会制订本科层次职业教育学士学位授权单位、授权专业申请基本条件。建议不再要求申请学士学位授权单位的高职院校基本条件不得低于教育部颁布的本科层次职业学校设置标准，但所申请的专业应不得低于本科层次职业教育专业设置标准。

（3）探索创办联合职业大学。江苏为解决中职学校不能分发高职专科学历的问题，创新性地举办了江苏联合职业技术学院。类似的，为解决高职院校不能颁发本科学历和学士学位的问题，创新性地举办联合职业大学。

作者更推荐采取第 2 种策略，因为这样做既不否定已经出台的文件，又专门针对新的情况作了规定。第 3 种策略则期待有省份敢于探索。

三、出台可操作的制度文件

（1）尽快开始着手遴选高职院校可举办本科层次职业教育的专业。建议由教育部出台通知文件，明确申报的流程及条件。基本条件仍使用《办法》中本科层次职业教育专业设置标准。

（2）优先考虑入选"双高计划"的专业。应以最新的"双高计划"评审结果为依据，优先支持入选国家级和省级"双高计划"专业群中的专业作为申报基础，以《高等职业教育本科专业目录》《高等职业教育本科专业简介》《高等职业教育专科专业简介》作为依据。

（3）具体操作应以省级层面为主。建议遴选程序主要由省级层面完成，由省级教育行政部门组织专家组进行评审和现场考察。遴选后报教育部审批，教育部主要进行审批和监督工作。

四、继续允许联办本科

（1）采取联办本科备案制。建议教育部出台备案制文件，每年对各省份探索的联办本科形式进行数据统计，凡联办本科的项目应进行备案。

（2）继续完成已经举办的联办本科专业。引导高职院校已联办本科的专业按《办法》逐步达标。已达标并获批本科层次职业教育专业的应取消联办本科。要求已经开始联办的应举办到学生毕业，即"成熟一个、退出一个"。

（3）优化职业教育通道。制定计划，有序打通图 7-3 中不通的通道，即打通所有升学至高职院校就读本科层次职业教育专业的通道，允许中职学校、高职院校与职业大学联办本科。

本 章 小 结

无论是从法理、制度，还是从高职院校探索联办本科、升格职业大学举办本科层次职业教育的情况来看，高职院校都具备一定举办本科层次职业教育的基础，但至今仍然没有取得突破。根本原因在于《中华人民共和国高等教育法》的掣肘、高职院校授予学士学位办法的缺位，再者，高职院校已经探索的联办本科专业并非真正意义上的本科层次职业教育专业。

经过分析，作者建议修订《中华人民共和国高等教育法》，使《中华人民共和国高等教育法》与《中华人民共和国职业教育法》在支持"高职院校举办本科层次职业教育"上表述一致；建议完善本科层次职业教育学位授予的相关文件，使高职院校也能获得学士学位授予权；出台可操作的制度文件遴选高职院校举办本科层次职业教育的专业；继续允许联办本科，采取"成熟一个、退出一个"的办法，逐步使高职院校走向自己举办本科层次职业教育专业的道路，从而优化现代职业教育体系，实现"纵向贯通"，使职业教育的学子们有充足的通道就读本科层次职业教育专业。

本章参考文献

[1] 教育部. 2022 年全国教育事业发展统计公报[EB/OL]. (2023-07-05) [2024-09-09]. http://www.moe.gov.cn/jyb_sjzl/sjzl_fztjgb/202307/t20230705_1067278.html.

[2] 吴学敏. 本科职业教育人才培养体系构建研究: 基于技术本质视角的分析[J]. 中国职业技术教育, 2021 (12): 52-57.

[3] 郭丽君, 代翔. 新职教法背景下本科层次职业教育内涵式发展研究[J]. 教育与职业, 2023 (5): 57-62.

[4] 教育部. 对十四届全国人大一次会议第 3471 号建议的答复[EB/OL]. (2023-08-25) [2024-09-09]. http://www.moe.gov.cn/jyb_xxgk/xxgk_jyta/jyta_zcs/202401/t20240102_1097478.html.

[5] 张学, 周鉴. 本科层次职业教育人才培养的定位、逻辑与理路[J]. 中国职业技术教育, 2022 (18): 39-45.

[6] 王顶明, 李影. 本科层次职业教育学位制度建设的学理思考[J]. 高校教育管理, 2022, 16 (4): 75-84.

[7] 瞿连贵, 王丽, 王瑞敏, 职业本科教育制度构建的现实挑战与应对策略[J]. 大学教育科学, 2023 (2): 121-127.

[8] 庄西真. 本科层次职业教育的制度需求、制度设计和制度实施[J]. 中国高教研究, 2021 (7): 98-102+108.

[9] 杨燕, 徐宏伟. 本科层次职业院校专业设置的意义、问题与优化路径[J]. 职业教育研究, 2021 (12): 24-29.

[10] 李梦卿, 田舒蕾. 本科层次职业教育专业建设的逻辑、机制与路径[J]. 中国职业技术教育, 2023 (1): 46-53.

[11] 施星君，余闯. 职业本科专业评价设计的逻辑与路径[J]. 中国高教研究，2022（5）：102-108.

[12] 吴学敏. 瞄准两个高端打造本科职教专业[N]. 中国教育报，2021-05-18（5）.

[13] 崔淑淇，姚聪莉. 本科层次职业教育人才培养的内在逻辑、目标定位与实现路径[J]. 现代教育管理，2023（4）：97-108.

[14] 杨燕，徐宏伟. 本科层次职业院校专业设置的意义、问题与优化路径[J]. 职业教育研究. 2021（12）：24-29.

[15] 王博. 本科层次职业教育专业怎么办？：基于不同专业办学内涵论争的初步探讨[J]. 职教论坛，2021，37（3）：36-42.

[16] 高羽. 本科层次职业教育专业建设的指向、机制及路径[J]. 教育与职业，2021（19）：19-26.

[17] 李政. 职业本科教育办学的困境与突破[J]. 中国高教研究，2021（7）：103-108.

[18] 杨磊，朱德全. 职业本科教育的"中国模式"探索：基于德国，英国，日本实践经验的启示[J]. 中国电化教育，2022，（8）：51-60.

[19] 邹烈刚. 本科层次职业教育发展的困局审视与突破[J]. 中国职业技术教育，2022（25）：62-67.

[20] 郭晨，吕路平. 发展本科层次职业教育的现实问题和对策[J]. 职教论坛，2021，37（12）：73-78.

[21] 李巨银，林敏，朱善元. 本科层次职业教育的现实困境与行动路径[J]. 教育与职业，2021（19）：5-11.

[22] 庄西真. "职教本科"就要有职教本科的样子：谈优质高职院校举办职业本科教育的必然性[J]. 职业技术教育，2022，43（12）：8-13.